Guaratelle, Dom Roberto, Punch and Judy

EL TEATRO POPULAR DE TÍTERES DE GUANTE
I Parte

Toni Rumbau

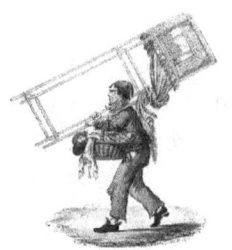

Thot Arts
Cuadernos de Titeresante
Nº 1

Primera edición: noviembre 2020
ISBN: 9798656767408
Derechos de autor © 2020 Toni Rumbau.
Editado por Thot Arts
Impreso en la UE

Fotografía de la portada: Jesús Atienza
Títeres de Pepe Otal del espectáculo *Rigoletto*

Lectura y correcciones: Irma Borges

Todos los derechos reservados
Ninguna parte de este libro puede ser reproducida ni almacenada en un sistema de recuperación, ni transmitida de cualquier forma o por cualquier medio, electrónico, o de fotocopia, grabación o de cualquier otro modo, sin el permiso expreso del editor.

Thot Arts
Nº 1- Cuadermos de Titeresante
Barcelona 2020

A João Paulo Seara Cardoso,
a Rod Burnett y a Maria José Machado Santos,
in memoriam

Agradecimientos

A todos los titiriteros que aparecen en este Cuaderno.
Su empreño voluntarioso en la práctica de sus respectivas artes
es lo que permite que hoy se siga hablando de ellas.

A la Casa-Taller de Marionetas de Pepe Otal, por dejarnos hacer
la fotografía de la portada, a cargo de Jesús Atienza,
con títeres de la obra *Rigoletto* de Pepe Otal.

Titeresante existe gracias al patrocinio de:

TOPIC de Tolosa, Museu da Marioneta de Lisboa,
Institut del Teatre (Barcelona), Centre de Titelles de Lleida,
Teatro Arbolé (Zaragoza), Teatro La Estrella (Valencia),
Unima Federación España, Unima Cataluña, If Barcelona

Compañías asociadas:

Marionetarium cia. Herta Frankel, La Puntual, L'Estaquirot Teatre,
La Micro Troupe, Pea Green Boat, Tomás Pombero,
Animamundi, Tragaluz, Jordi Bertran, Rocamora,
Eudald Ferré, David Laín, Kaos Teatro, Saltatium Teatro

ÍNDICE

INTRODUCCIÓN 1

Presentación 3

La catarsis. 9

La tres olas 13

PULCINELLA Y LOS *GUARATELLE* 21

Bruno Leone y Salvatore Gatto 23

Gaspare Nasuto. Maestría incontestable. 26

El Pulcinella de Luca Ronga, en el Museu da Marioneta de Lisboa 28

Encuentro con Luca Ronga. 30

El Pulcinella de Irene Vecchia. 33

Le guaratelle de Gianluca di Matteo 35

DOM ROBERTO 41

Maratona de Robertos 47

PUNCH AND JUDY 67

El Punch de Rod Burnett 72

Martin Bridle 74

El Punch and Judy irlandés de Ronan Tully 78

Entrevista a Ronan Tully 81

El Punch and Judy de Clive Chandler 85

El Punch and Judy de Dan Bishop 88

BIBLIOGRAFÍA 93

ACERCA DE ESTOS CUADERNOS 97

ACERCA DEL AUTOR 99

PUBLICACIONES DE THOT ARTS ¡Error! Marcador no definido.

Introducción

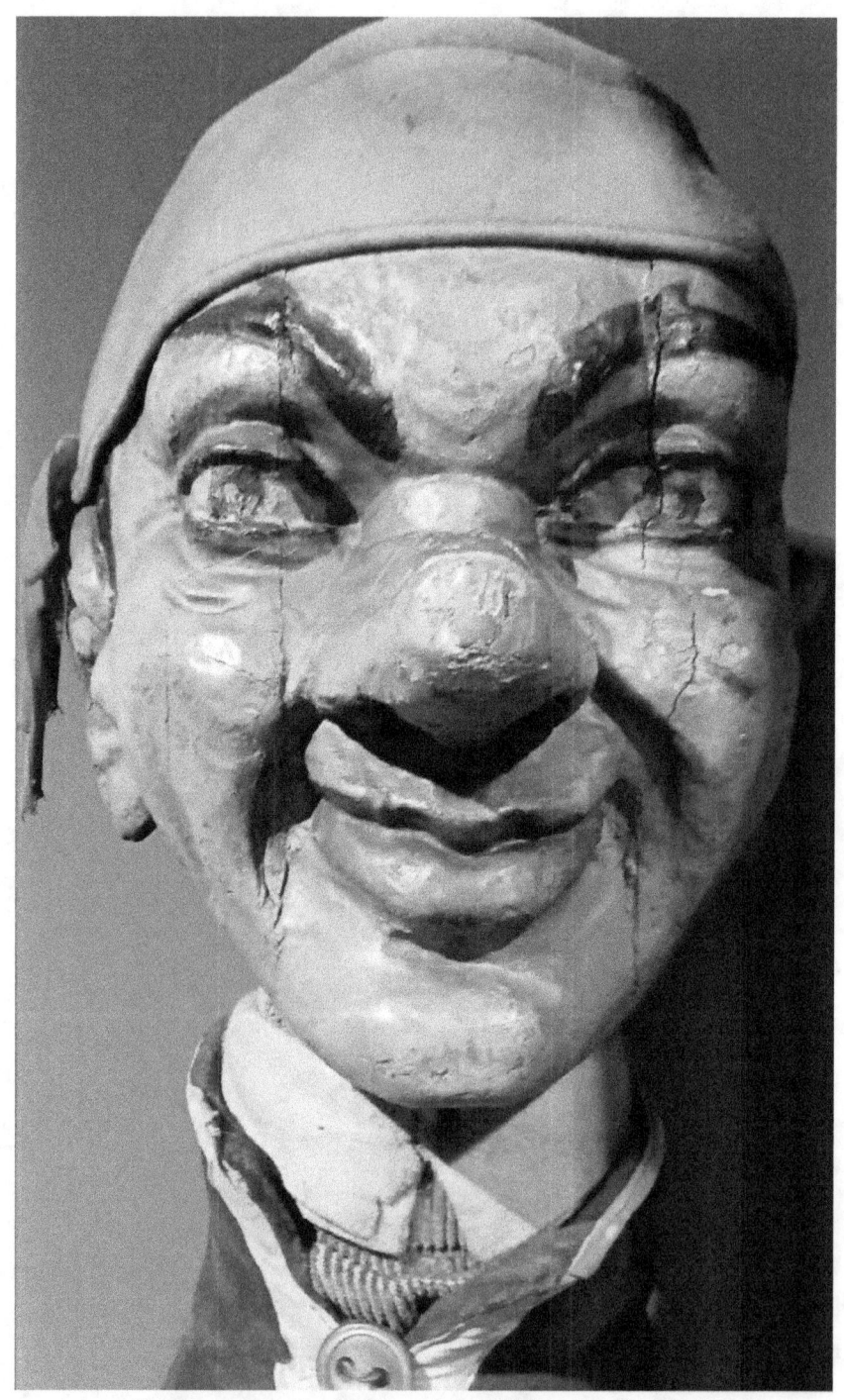
Fanacapa. Museo del Burattino de Bérgamo. Foto.T.R.

Presentación

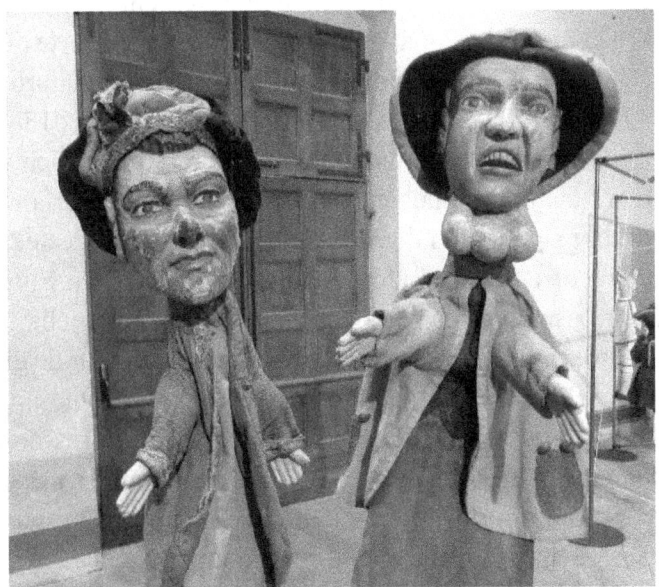

*Fanacapa y Gioppino. Exposición 'Giù la maschera',
Pordenone. mayo 2019. Foto T.R.*

Con este número dedicado al teatro popular de títeres de guante, iniciamos la colección de Cuadernos de Titeresante. Nuestra idea es reunir en volúmenes temáticos algunos de los textos aparecidos en la revista digital Titeresante, más otros que los acompañarán y complementarán.

Titeresante, un proyecto empezado en el año 2012, se ha convertido en un increíble almacén de ideas, textos, reportajes, testimonios, entrevistas, análisis y estudios varios. Ya son más de dos mil artículos publicados en estos ocho años, lo que nos ha animado a realizar este esfuerzo de síntesis y recopilación sobre tantas temáticas a tratar. Estos Cuadernos serán sin duda una herramienta de mucha utilidad para cualquiera que desee iniciarse en las artes de la marioneta o que esté interesado en ellas y en su divulgación.

Empezar con las tradiciones del guante es de alguna manera empezar por uno de los orígenes más potentes de las artes de la marioneta, en Europa y en buena parte del mundo, pues prácticamente en todas las tradiciones existe el títere de guante. En nuestra cultura occidental, aparece relacionado desde el Renacimiento con Pulcinella y con la Comedia del Arte, sobre lo que existe una abundante bibliografía. Parte de ella aparece al final del libro. Por mi lado, remito al lector a mi libro *Rutas de Polichinela, Títeres y Ciudades de Europa* (publicado en 2013 por Editorial Arola). En él se ofrece una visión entre literaria, histórica y sociológica de las distintas tradiciones europeas del tipo que podríamos llamar *polichinescas*, por su relación directa, indirecta o sutil con este personaje-arquetipo que recorre de un modo transversal y diacrónico Europa: Polichinela, nombre español del personaje napolitano Pulcinella. De algún modo, estos primeros cuadernos dedicados al títere popular de guante vienen a completar el trabajo realizado en Rutas de Polichinela.

En las manifestaciones del teatro popular de títeres no podemos hablar de una tradición sino de multitud de ellas, pues cada país, cada cultura, cada región y a veces cada comarca, por pequeña que sea, presentan líneas propias y diferentes que se remontan, en el caso europeo, a muchos años de antigüedad, cuando no siglos. Diferentes todas ellas, pero a su vez, íntimamente conectadas entre sí, al compartir un lenguaje común cuyos principales trazos encontramos tanto en Europa como en China, la India, Japón y en tantos otros lugares del mundo. Por eso se dice que, en este campo de la cultura popular, las diferencias de tan distintas tradiciones no separan, sino que unen tanto a sus practicantes como a su público.

Estas tradiciones han llegado a nuestros días unas veces dotadas de enorme vitalidad, otras en estado casi terminal. Y algunas, simplemente hay que buscarlas en los libros de historia. Entre los dos extremos, existen muchos grados y matices, pero siempre hay que indicar la obviedad de que su grado de interés y de salud vital depende directamente de los titiriteros que hoy los practican. Lo que nos impulsa a afirmar que, en aquellas tradiciones dotadas de muchos practicantes, la aguja del indicador vital siempre tenderá a subir más que en aquellas con pocos practicantes.

Claro que no siempre se cumple esta premisa, por una razón muy importante: hoy, las tradiciones titiriteras, por muy tradicionales que sean, han escapado del mundo de lo colectivo para entrar de lleno en el signo propio de nuestra época: el individuo y su libertad como punto de referencia principal.

Lo que nos lleva a afirmar que, en la actualidad, las tradiciones no pueden existir en sus formatos anteriores por la simple razón de que el cojín colectivo que las sostenía se ha extinguido.

¿Han desaparecido por ello las Tradiciones? En absoluto, incluso vemos en muchos casos un rebrote de sus manifestaciones, como son los casos de los *guaretelle* napolitanos, el Dom Roberto portugués, o el Punch and Judy inglés, ejemplos claros de una increíble profusión de titiriteros que se interesan por ellas. Pero eso no es óbice para seguir afirmando que las tradiciones, en su sentido colectivo, están en estado de defunción. Es decir, por un lado, las tradiciones han muerto, sí, pero por el otro lado, están más vivas que nunca. ¿Cómo comprender esto?

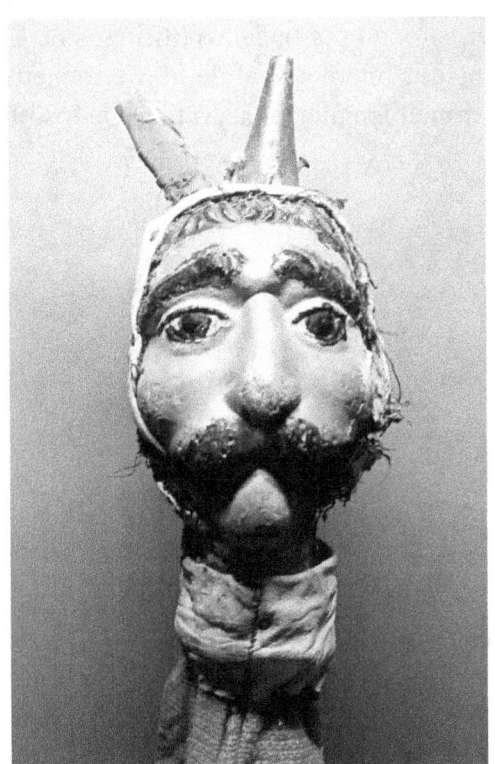

Diablo. Museo del Burattino de Bérgamo. Foto T.R.

Hoy, en efecto, el artista individual actúa desde la libertad que se adjudica de acudir a los formatos tradicionales para hacer con ellos lo que considera más oportuno. Unas veces se respetan los viejos códigos al pie de la letra, otras veces se eluden a la ligera o a las bravas. Pero cuando la obra se sostiene por su grado de acierto, vitalidad y buena ejecución, a nadie le importa el asunto de los códigos, que se respete o no la tradición, pues el espectador tiene asumido, en la actualidad, que cada artista puede inventar y recrear los códigos que quiera y hacerlos a su medida.

Tomemos algunos ejemplos. *Polidegaine*, la maravillosa obra de la compañía La Pendue, fruto de la pericia y tremenda imaginación de Estelle Charlier y Romuald Collinet, considerado como uno de los mejores espectáculos tradicionales de las últimas décadas, con Polichinelle de protagonista. Y, sin embargo, *Polidegaine* se salta todos los códigos de la tradición, cambiando incluso las formas propias del Polichinelle francés, que conserva su nombre, pero cuyas rutinas y características principales son las de los *guaratelle*: no por nada los titiriteros de La Pendue, exalumnos ambos del Institut International de la Marionnette de Charleville-Mézières, aprendieron el lenguaje y las rutinas de los títeres en Nápoles, con Bruno Leone.

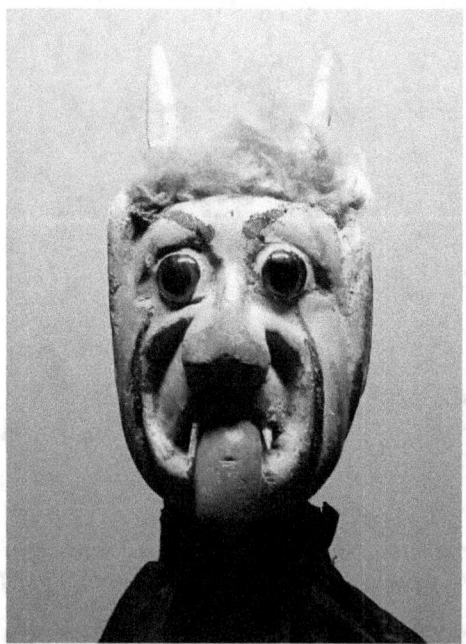

Diablo. Museo del Burattino de Bérgamo. Foto T.R.

El español Luís Zornoza Boy, instalado en Granada, practica un Polichinela que conserva el sabor del más puro teatro de títeres popular, pero, otorgándose una libertad inusitada en el modo y en la forma, que jamás hubiera utilizado un titiritero tradicional.

O el caso del dramaturgo Gigio Brunello, que ha hecho suya la tradición del Arlequino propio del Véneto, en Italia, para darle la vuelta y crear unas obras que, aun conservando el sabor popular del que procede el personaje, responden a una sensibilidad crítica y a un innovador espíritu de libertad. Por lo que se considera hoy a Brunello como uno de los más interesantes dramaturgos de los títeres en Europa.

Podríamos seguir con más ejemplos, pero ya el contenido de estos cuadernos irá mostrando los muchos casos interesantes a retener.

Veremos cómo la libertad individual de cada titiritero moldea las viejas formas, las hace suyas y las adapta a sus puntos personales de referencia.

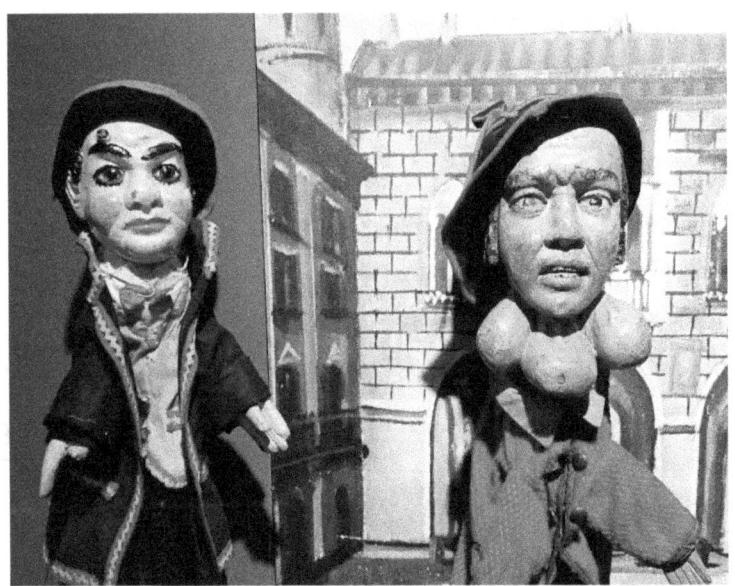

Meneghino y Gioppino. Museo del Burattino de Bérgamo. Foto T.R.

Siguiendo con esta lógica podríamos considerar que los títeres de guante se han convertido, a día de hoy, para los titiriteros y para cualquiera que quiera expresarse en el ámbito teatral, en una herramienta preciosa, que cuenta con infinidad de técnicas, referentes y 'gramáticas'. Son ideales para ejercer la práctica teatral de desdoblarse en escena, de ser otro o de mostrar otras caras posibles de lo que somos, en cuanto individuos y en cuanto seres sociales sometidos a los correspondientes arquetipos de la colectividad. Una herramienta dúctil y que exige, como veremos a continuación, una participación muy activa, catártica diríamos, del manipulador.

Ha sido esta explosión de libertad en el seno de las viejas tradiciones lo que ha producido este resurgimiento del guante como instrumento teatral para 'otrarse', usando terminología *pessoana* o *rimbaudiana*, según el gusto de cada cual.

Es por ello que reviste tanto interés atender a las prácticas contemporáneas de los títeres de guante, enmarcadas en sus respectivas tradiciones y contextos culturales, pero a su vez, impregnadas por el espíritu de libertad propio de nuestra época.

La catarsis.

La catarsis forma parte fundamental en la práctica contemporánea del títere popular y es obligado darle su debida importancia. Para hablar de este tema, va bien haberlo vivido en persona, pues la catarsis pertenece a una categoría de experiencias que se sale de lo que llamamos "cultura" y entra en el terreno de las "vivencias", de lo que está vivo y goza además de unas características inaprensibles de misterio y de rito.

Sucede la catarsis cuando el titiritero se siente poseído por una fuerza o corriente de energía que lo supera y trasciende, y por la cual se liberan determinadas emociones hasta entonces escondidas. El efecto suele transmitirse entonces a los espectadores, disparando la comunicación y la experiencia teatral a unas alturas singulares, que quedan fijadas en las retinas de la percepción.

No es ajeno al fenómeno (aunque no exclusivo en absoluto) el uso que se hace de la lengüeta en muchas de las tradiciones populares del títere de guante. La voz de la lengüeta es al titiritero como una voz "otra", ajena, que te traspasa con una energía inusitada y te transporta a ese trance de "ser otro", una alteridad que parece proceder de épocas arcaicas y que cobra vida en el presente de la actuación. Así lo he vivido yo en muchas ocasiones con mi espectáculo *A Dos Manos* (1987), también con *A Manos Llenas (2009)* e incluso en la ópera *Eurídice y los Títeres de Caronte*, al sentir a esta otredad arcaica poseerme, como si yo fuera un simple médium que traía al presente algo muy poderoso ajeno al tiempo y a la psicología. Constatarlo cambió por completo la visión que tenía entonces del teatro de títeres. La fuerza catártica de esa posesión liberadora, cuando sucede, es lo que permite hablar de la representación como de un rito, y de los personajes de la tradición como "pequeños mitos efímeros": de los que sólo existen durante la representación, y que luego desaparecen en la disolución colectiva de las ferias o de las plazas donde se actúa.

¿De dónde procede este trance liberador? Es en esta pregunta donde la herramienta del teatro de títeres adquiere un carácter más personal e interesante: la exaltación catártica procede sin duda de un arquetipo que tiene que ver con una vitalidad libertaria o una libertad vitalista, que dispara su vivencia a potentes alturas. Se vive como una explosión que desmonta todos los corsés de la tradición y de lo colectivo, y que deja vislumbrar, al titiritero y al público cuando ello sucede, una degustación de lo que es la libertad. No tanto su disfrute —que también, sobre todo cuando se está en estado catártico— como su conciencia. De ahí la mirada entusiasmada de algunos adultos, que comprenden lo que sucede en el pequeño escenario de los títeres. En cuanto a los niños, simplemente es un paladeo de lo que ellos sienten por sí mismos y tienen a flor de piel: liberar sus impulsos naturales y poder ser otro sin cortapisa alguna.

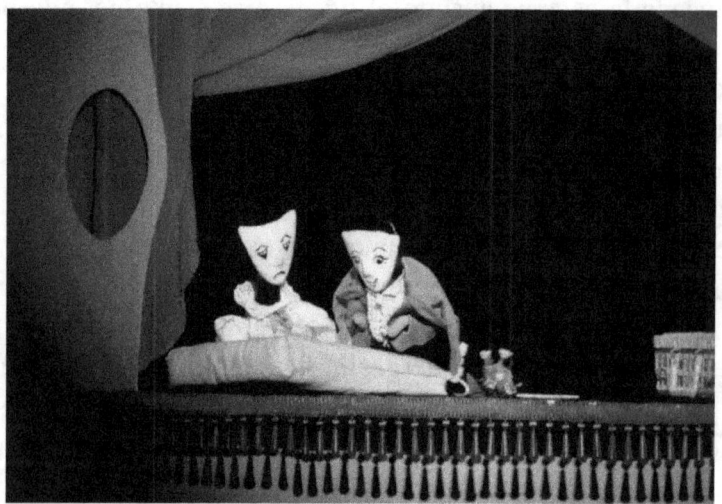

Imagen de A Dos Manos, de Toni Rumbau. Foto de Albert Fortuny.

¡Atención! La catarsis debe ir acompañada del "oficio", si no queremos que se desboque y naufrague la representación. Es decir, contención, distancia y la mirada interna/externa que todo titiritero debe siempre asumir, una dualidad de estar en dos sitios a la vez, metido en la carne del títere/personaje, pero alejado lo suficientemente para poder medir, templar, valorar y mandar. Entregarse a la catarsis, pero sabiendo muy bien lo que se hace. Eso es el oficio y lo que se llama el dominio de la técnica.

Algo muy difícil de lograr, como yo mismo he experimentado a lo largo de mi práctica titiritera.

Como se puede comprobar, es posible abordar el fenómeno teatral de los títeres desde "afuera" y desde "adentro". Desde la visión del espectador que contempla la representación, y desde la voz, las manos y el cuerpo del titiritero que la ejecuta. Desde la parte nuestra que se deja poseer por el arquetipo que encarna el títere, y desde la parte observadora de nuestra mirada que simultáneamente se aleja del arrebato. En el medio está el títere, esa figura objeto-espejo de proyección que, por efecto del desdoblamiento vivenciado tanto por el ejecutante como por el espectador, se convierte en el sujeto real de la obra.

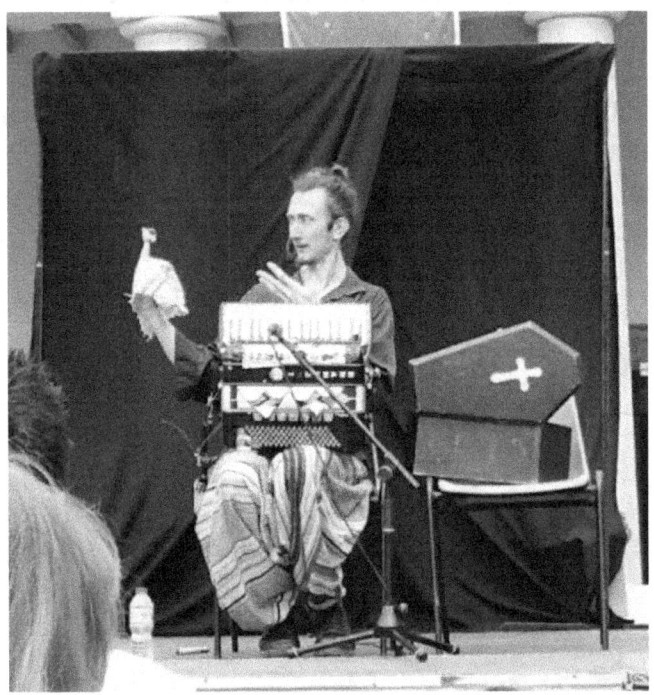

Matija Solce con Pulcinella. Festival Internacional de Teatre de Teresetes.
Un ejemplo maravilloso de representación catártica y personal.
Palma de Mallorca. Mayo 2019. Foto de T.R.

En el teatro de títeres tradicional, la figura del héroe popular representa a un sujeto colectivo, es generado por la proyección o el desdoblamiento de la cultura que la ha creado. Que hoy la colectividad como tal haya dejado de existir, suplantada por el régimen individualista, no impide que los mismos personajes sigan vivos, quizá más descolgados de sus referentes tradicionales, pero con buena parte de sus características de arquetipo colectivo.

Será tarea del titiritero conducir a esta personalidad nacida en el pasado a nuevas zonas simbólicas y a los nuevos arquetipos de libertad de nuestra época —los cuales, en su exaltación, no dejan de ser los mismos de siempre—. Lo que no suele funcionar es trasladarlo a los campos de la cultura, de la historia, del consumo o en los todavía menos indicados de la pedagogía y del alineamiento ideológico. Hacerlo "mata" al personaje, lo vacía de cualquier vitalidad arquetípica y visceral, y lo deja en simple muñeco pasivo. Podrá hablar y moverse, pero carecerá de vida real y aburrirá a niños y mayores. Adolecerá de cualquier tipo de catarsis, bloqueado en una significación cerrada. Al ponerles voces colectivas ajenas y partidarias de tal o cual pensamiento o ideología, lo que hace el titiritero es callar la verdadera voz en presente del títere, radical y visceral: lo convierte en un objeto que transmite los mensajes que le insufla el titiritero y que los espectadores, si son de la misma cuerda, corroboran con asentimientos de cabeza. Ni teatro, ni catarsis, ni vida en el escenario. Y cuando los títeres no tienen vida y son simples transmisores de lo ajeno, pierden todo su interés.

La tres olas

Otro tema que me gustaría tratar en esta introducción, en la perspectiva de una mirada amplia y diacrónica de los teatros de títeres populares en Europa, es la idea de las "tres olas" con las que las tradiciones y sus distintos personajes aparecen y se van transformando, y que coinciden con los tres grandes movimientos de la cultura que han convulsionado el teatro en Europa y, desde ella, en el mundo entero: el Renacimiento, la Revolución Francesa y las Vanguardias del siglo XX, con la correspondiente caída de la cuarta pared en el teatro.

La primera ola, el Renacimiento, revitalizó el interés por la antigua cultura greco-romana, y alumbró los inicios de la Razón y del Humanismo, sentando las bases para una nueva concepción antropocéntrica del mundo, movimiento que revolucionó también las viejas formas del arte religioso medieval y de los autos teatrales. En este potente marco histórico, nace en Italia la Comedia del Arte. Surgida en la cuna renacentista de las ciudades italianas, fue un teatro de máscaras y de improvisación que se extendió por toda Europa. De ella nace Pulcinella, máscara napolitana, cuyas características atraen enormemente a los públicos europeos y que no tarda en ser reproducido como personaje con rostros, nombres y rasgos distintos, adaptados a las peculiaridades de cada lugar.

El Barroco entronizó a estos personajes, que encarnaban a nivel popular el arquetipo jocoso de libertad de palabra y pensamiento, y durante los siglos XVII y XVIII, es frecuente ver representadas con marionetas comedias satíricas y políticas, así como óperas y operetas en las principales ciudades de Europa. Sea en las cortes, en los teatros de las grandes ciudades o en las ferias, como ocurre en París, con Polichinelle de protagonista.

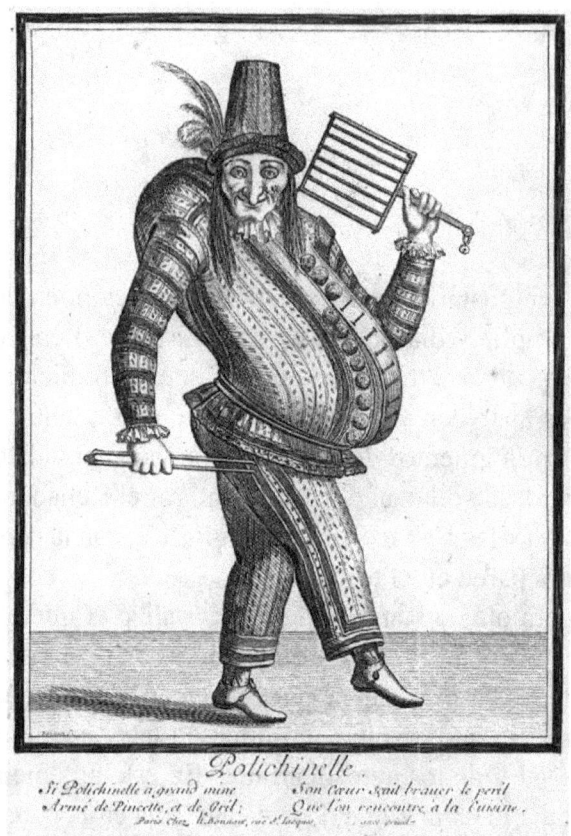

Polichinelle. Grabado francés hacia 1650.

La segunda oleada titiritera tiene lugar en el siglo XIX, cuando aparecen nuevos personajes y formas de teatro, fruto de los grandes cambios provocados por la Revolución Francesa y la paulatina instauración del régimen burgués en el marco de las naciones recién creadas. Entre los héroes populares del teatro de títeres, algunos nombres se mantienen (Pulcinella, Punch, Don Cristóbal Polichinela, Petrushka…), pero nacen otros muchos con características que buscan expresar los nuevos aires que se respiran en Europa.

Como en la primera oleada, estos nuevos personajes encarnan también a nivel popular el arquetipo jocoso de libertad de palabra y pensamiento antes citado, aunque su tono libertario se dispara, insuflado por el emerger de la libertad individual de la Revolución Burguesa. A su vez, se impregnan del nuevo concepto de Nación que se impone en Europa.

Es decir, son personajes que gustan asociarse a los rasgos característicos de las naciones, los pueblos o las ciudades a los que pertenecen.

Entre ellos se cuentan a Punch en Inglaterra, Don Cristóbal Polichinela en España, Dom Roberto en Portugal, Titella y Perico en Cataluña, Guignol en Francia, Jan Klaassen en Holanda, Mester Jakel en Dinamarca, Kasperl en Alemania, Kaspar y Kasparec en Chequia, Gasparko en Eslovaquia, Petrushka en Rusia, Vasilache en Rumanía, Vitéz Lásló en Hungría, Aragosi en Egipto, Woltje en Bruselas, Tchantchès y Nanesse en Lieja, Pierke en Gante, más las numerosas máscaras nacidas en el norte y centro de Italia tras las invasiones napoleónicas: Gianduja, Gioppino, Fagiolino, Sandrone, Meneghino, Facanapa y aún otras. Más tarde, a finales del Ochocientos y principios del XX surgen también Barudda, Baciccia, Bargnocla, Pampalughino, Tascone e Testafina.

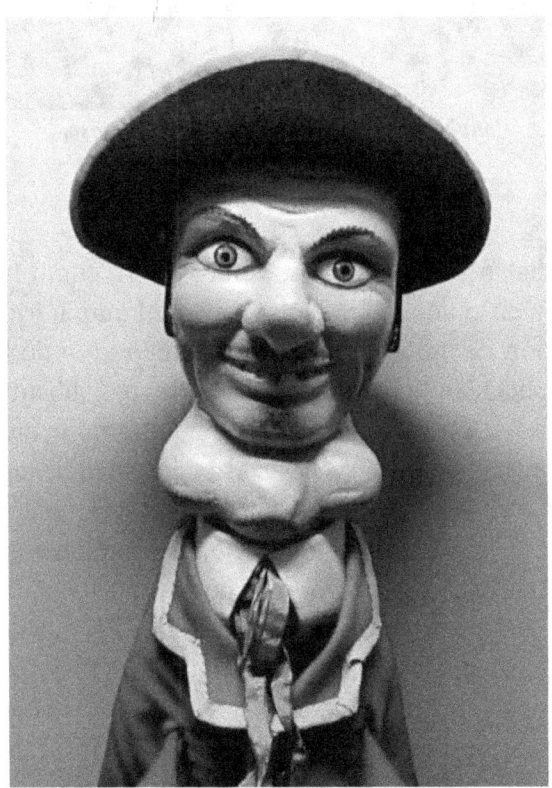

Gioppino, de Enrico Manzoni detto Ol Rissolì (1940/1960), Familia Cortesi (Ex-Onofrio). Museo del Burattino de Bérgamo. Foto T.R.

El caso más paradigmático y que da luz a estos cambios y nuevas emergencias, es la substitución de Polichinelle por Guignol en Francia.

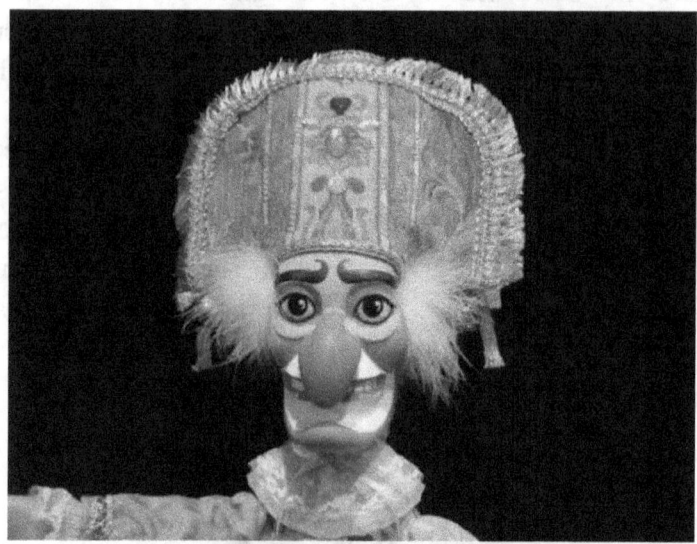

Polichinelle. Museo del TOPIC de Tolosa.
Exposición Rutas de Polichinela.
Octubre 2013. Foto T.R.

Con la distancia de los años, vemos ahora como la irrupción de Guignol en Lyon en el año 1808, de la mano de Laurent Mourguet, anuncia la desaparición de quién hasta entonces fue el rey de los escenarios titiriteros de Francia: Polichinelle. Se trata de una substitución que explica con claridad el cambio cultural y de comportamiento que se vivió en Europa tras la Revolución Francesa, esa necesidad de enterrar el Antiguo Régimen y sus formas caducas, para abrazar una nueva concepción de la persona considerada como ciudadano, provisto de unos derechos de igualdad social que asentó el nuevo régimen burgués.

El porqué de esta substitución es doble. Por un lado, se asoció consciente e inconscientemente a Polichinelle con el viejo régimen aristocrático abatido: sus trajes coloreados y vistosos, sus chanzas pedómanas y vulgares, sus jorobas obscenas de profundas raíces arcaicas (juglares, locos, bufones…), constituían unos rasgos detestables que debían ser abolidos. Por el otro lado, se reafirmaba un nuevo tipo de héroe. Guignol, recién nacido en el seno de los Canuts, esta aristocracia obrera de Lyon que luchó con denuedo por sus derechos, una figura que encarna los nuevos ideales surgidos de la erupción revolucionaria: disciplina, físico y aspecto saneados, rigor en el trabajo, horarios fijos y una ordenación moral de la vida privada y colectiva.

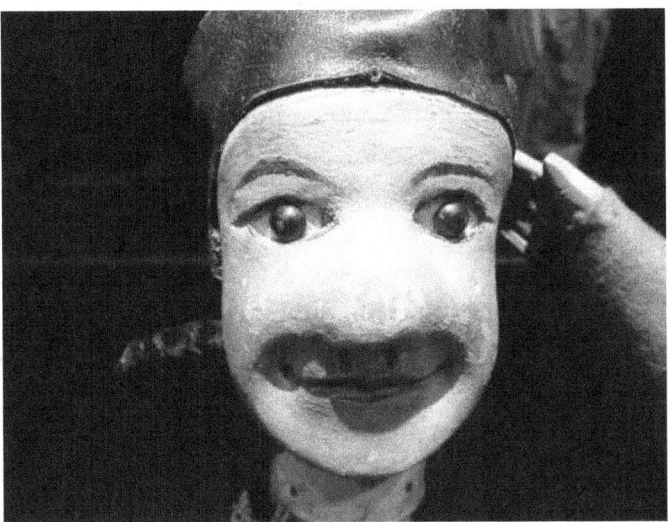

Guignol. Museo del TOPIC de Tolosa. Exposición Rutas de Polichinela. Octubre 2013. Foto T.R.

A nivel formal, se pasa de la sofisticación vertical y aristocrática del hilo (pues por regla general, aunque no única, se representaba a Polichinelle como una marioneta) a la horizontalidad más plebeya, dinámica, expresiva y catártica del títere de guante que es Guignol.

Como buen héroe popular del teatro de títeres, Guignol necesita también mostrar un lado oscuro para que el público popular pueda reconocerse en él y reírse de sí mismo. Y mientras Polichinelle reunía él solo todas las facetas del personaje, las positivas y las escandalosas, en Guignol el lado oscuro lo encarna Gnafron, su alter ego y compañero inseparable, borrachín al que gusta soltar las verdades, por incorrectas e impertinentes que sean. Guignol y Gnafron son una pareja que simboliza la nueva moral burguesa: la importancia de aparentar bondad, civismo, rectitud y corrección, más la libertad de hacer lo que se te antoja, por un lado (Guignol), mientras por el otro lado se permite lo oscuro y lo débil (mujeres, alcohol, pensamientos deshonestos, ambición y egoísmo) siempre que esté oculto o sea otro quien lo encarna (Gnafron en este caso). Es así como Guignol substituye poco a poco a Polichinelle en toda Francia a lo largo del siglo XIX, tras conquistar los escenarios de París, bien apoyado por los gobiernos republicanos e imperiales, que le llegan a construir teatros donde instalarse en los parques.

Es curioso y significativo que el número de teatros de Guignol que había en los parques de París en la época de Napoleón III sea el mismo que existen en la actualidad: diez. Lo que demuestra la importancia fundacional que tuvo Guignol en su día, de modo que su presencia perdura todavía en la imagen burguesa y ordenada que París tiene de sí misma.

La tercera ola de innovación titiritera la hemos vivido recientemente y la podríamos situar en los años sesenta y setenta del siglo XX: cuando emergen en todo el mundo occidental nuevos modos de hacer y entender el teatro basados en un estallido de libertad que produjo lo que se ha llamado "la caída de la cuarta pared". Fueron en realidad las distintas vanguardias del siglo XX los verdaderos motores de este cambio, quienes abonaron el campo para esta tercera emergencia. Vanguardias que tuvieron profundas implicaciones en las artes escénicas, como lo fueron el Futurismo, el Dadaísmo, el Surrealismo o la gran influencia de la Escuela de la Bauhaus.

En el teatro de títeres, la caída de la cuarta pared se tradujo en la desaparición del retablo y en la salida de los titiriteros del mismo, en un afán por salir del plano oculto e implicarse ellos como actores o ejecutantes visibles en la representación escénica.

Fue un movimiento que abrió una verdadera caja de pandora en el teatro de títeres y en el teatro en general. Pues de pronto aquella modalidad arcaica de las artes teatrales se convertía en una modalidad escénica de nuevo cuño, en la que la escenografía, los objetos, las figuras fijas o animadas, las sombras y las marionetas de todo tipo sustituyen al actor o lo complementaban en un mismo plano de igualdad. Una verdadera revolución técnica, semántica y dramatúrgica cuyas consecuencias todavía están en la actualidad en plena fase de despliegue y evolución.

El abanico de las nuevas formas teatrales surgidas en esta tercera oleada es inmenso, prácticamente inabordable dada su profusión y complejidad. Mostrarlo en su desarrollo práctico es, de hecho, uno de los objetivos de estos Cuadernos de Titeresante. En el caso concreto de los teatros populares de títeres que aquí nos concierne, esta diversidad aparece con más timidez, pero no por ello con menos tenacidad.

En los dos primeros Cuadernos de Titeresante reuniremos textos que hacen referencia a las siguientes tradiciones:

CUADERNO N.1
- Introducción
- Los *guaratelle* (la tradición napolitana)
- Dom Roberto (la tradición portuguesa)
- Punch and Judy (la tradición inglesa)

CUADERNO N.2
- Guignol (el sustituto de Polichinelle en Francia)
- Kasperl en Alemania
- Jan Klaassen en Holanda
- Kasparec en Chequia
- Vasilache en Rumania

El tercer Cuaderno estará dedicado a las múltiples máscaras del Teatro Clásico de Títeres en Italia, y el cuarto a las prácticas contemporáneas del teatro de títeres de guante, cuando este antiguo lenguaje se pone en manos de artistas que siguen líneas personales de trabajo.

PULCINELLA Y LOS *GUARATELLE*

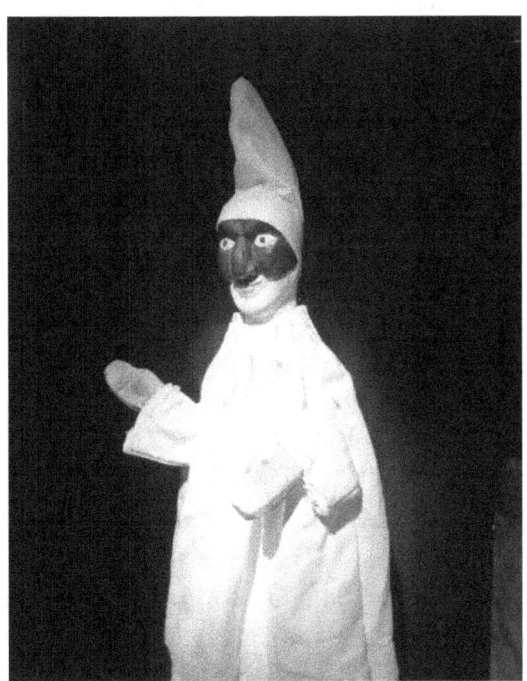

Pulcinella de Bruno Leone. Exposición Rutas de Polichinela.
Museo del TOPIC de Tolosa. Octubre 2013. Foto T.R.

Empezamos con el origen, al menos del personaje principal que ha dado forma y nombre a esta amplia familia de los polichinelas europeos: Pulcinella, de Nápoles, aunque según la mitología local se le considera nacido en Acerra, a pocos kilómetros de la capital, donde hasta hace poco se levantaba un bonito museo dedicado a su figura. La muerte de quien fue el alma del museo, Eustachio Paolicelli, dejó huérfano el proyecto, que no tardó en cerrar sus puertas. Una lástima.

Pero aunque hubiera nacido en Acerra, ello no impide que nuestra máscara se identifique plenamente con Nápoles. Una identificación recíproca, pues también los napolitanos se identifican con Pulcinella. Lo dicen los intelectuales, los artistas, los artesanos más humildes, los actores, los médicos, los tenderos, los abogados, los jueces y hasta los políticos. Una unanimidad tan notoria que incluso despierta susceptibilidades. ¿Qué será esta máscara que define una ciudad y qué será esta ciudad que se deja definir por una máscara?

Para saberlo, lo mejor es acercarse a la ciudad de Nápoles, recorrer sus calles, respirar la vitalidad arcaica y moderna que las llena, y conocer en persona tanto a sus habitantes como a los que se dedican a practicar el viejo arte de los *guaratelle*, nombre con el que se conoce el teatro de títeres popular protagonizado por Pulcinella.

En los años ochenta, en Nápoles había dos maestros en activo, quizá no los únicos, pero sí los más notorios, ambos ya con muchos años encima y que prácticamente habían dejado de ejercer: Nunzio Zampella y Giovanni Pino. Los dos llegaron a tiempo para traspasar sus conocimientos a una nueva generación de futuros titiriteros. Jóvenes ilustrados procedentes de las clases medias y que se sintieron atraídos por las viejas tradiciones que de pronto ellos veían con ojos distintos: con Zampella aprendió Bruno Leone, y con Pino, Salvatore Gatto.

No debemos olvidar que Pulcinella es un personaje que estaba presente en toda Italia; aunque sea la máscara napolitana por excelencia, lo encontramos como personaje, a veces incluso como protagonista, en muchas otras localidades del país, tanto en el norte como en el sur. Lo que explica también que el resurgimiento que ha vivido en las últimas décadas del siglo XX y en lo que va del siglo XXI, esté expandido por toda la geografía italiana.

En este primer Cuaderno de Titeresante hablaremos de los que hemos podido ver y considerar en la revista, que no son todos, obviamente, pero sí algunos de los más importantes: Bruno Leone, Salvatore Gatto, Gaspare Nasuto, Luca Ronga, Irene Vecchia y Gianluca di Matteo.

Bruno Leone y Salvatore Gatto

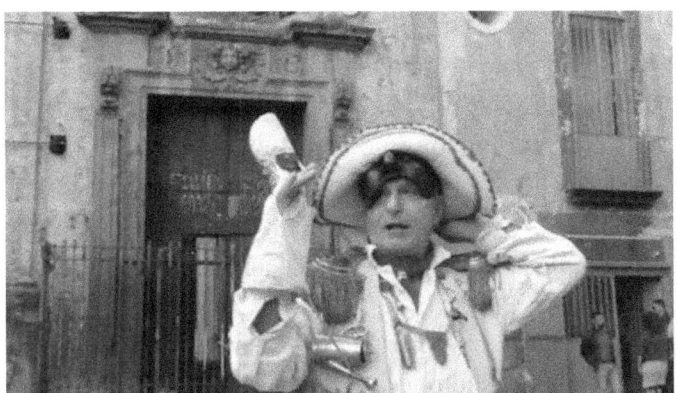

Bruno Leone en el Largo Banchi Nuovi de Nápoles. Foto T.R.

Bruno Leone y Salvatore Gatto son los dos maestros del *guaratelle* de referencia, aún en activo y que siguen expandiendo su influencia y sus enseñanzas entre los jóvenes titiriteros que ansían iniciarse en las difíciles artes de Pulcinella. Cuando empezaron en los años ochenta, era común verlos actuar juntos en espectáculos que podían durar más de una hora, mientras ambos se iban alternando en el retablo y con los títeres.

Así los vi actuar hace muchos años en el festival Arrivano dal Mare, en Cervia, Italia. En una demostración de su dominio de las rutinas clásicas, que ellos bordaban y variaban en una placentera improvisación que parecía no tener fin. En aquella época, si algo los definía y diferenciaba era, en Bruno Leone un énfasis de los aspectos conceptuales y simbólicos del personaje, que gustaba -y sigue gustando- salir del retablo vestido de Pulcinella, de acuerdo con la doble naturaleza de la máscara napolitana, como títere y como actor. Por parte de Salvatore Gatto, su característica principal era y sigue siendo la musicalidad y el ritmo endiablado de sus rutinas, con salidas también del retablo para entonar canciones populares de su región acompañándose con una guitarra.

Después, ambos han seguido carreras separadas que los han llevado a actuar por el mundo entero, dando a conocer este tesoro de la tradición popular napolitana a titiriteros de otras latitudes, iniciando una divulgación de la misma que no cesa.

Con los años, Salvatore Gatto se ha mantenido fiel a su propio estilo, tan característico, de convertir una función de Pulcinella en casi un concierto polifónico de gestos, cantes, maullidos de la lengüeta y juegos infinitos de la cachiporra. Una vía, la suya, de un virtuosismo que ya no requiere excesos, sino que brota con elegante naturalidad de las manos de este gran artista que es Gatto.

Bruno Leone ha mostrado con el tiempo el deseo de introducir a Pulcinella en situaciones rabiosamente contemporáneas, como pude constatar en la actuación que hizo en el Rinconcillo de Cristobica, en Valderrubio, Granada, en mayo de 2011 (reseñado en mi blog de Rutas de Polichinela).

En ella, Bruno Leone presentó dos espectáculos distintos. El primero, basado en improvisaciones, mostró a Pulcinella metido en un manicomio cuyo director no era otro que el psiquiatra Bin Laden. Consigue este ponerle una camisa de fuerza al héroe napolitano, aunque al final, y gracias a la ayuda de dos mujeres del público, es liberado y, tras no pocas peripecias, "pone orden" en el manicomio.

La segunda representación mostró a un Pulcinella más clásico, aunque siempre abierto a las novedades y a la intervención del público. En ella, sacó el tema del huevo, una leyenda que Bruno ha gustado tratar con frecuencia: la que dice que Pulcinella nace de un huevo puesto por él mismo.

Y como es habitual en Bruno, completó su actuación con salidas del retablo en su papel de Pulcinella como actor: con su máscara y su gorro característico, se mete por entre el público, mientras canta, dialoga y flirtea con los espectadores, con viejas y nuevas canciones, algunas de ellas improvisadas la noche anterior.

Esta libertad de Bruno Leone de lanzarse a improvisar nuevas historias de Pulcinella, que vi también en el Taller Internacional de Matanzas del año 2012, en Cuba, o en el Simposio sobre Polichinela que se celebró en Barcelona en noviembre de 2012, y aún en montajes realizados posteriormente, nos indica un grado de madurez que podríamos adjetivar de 'libertario', propio de quien ha comprendido que la tradición, en el fondo, no es más que una herramienta para gozar de la libertad de hacer con ella lo que mejor te viene en gana, y transformarla.

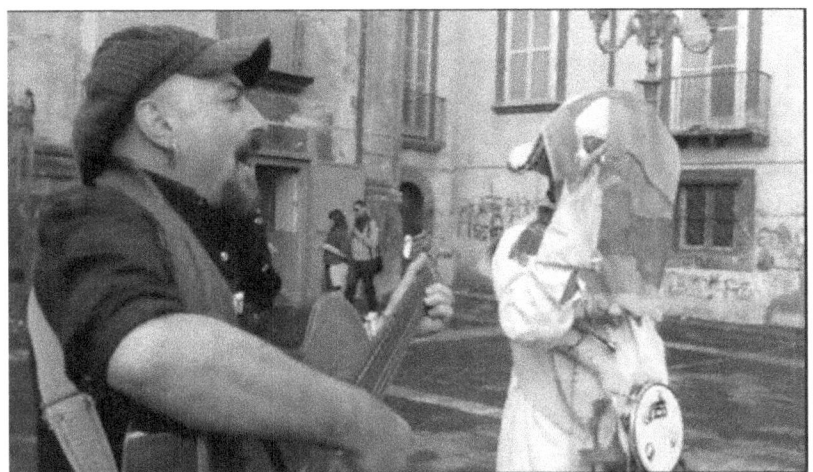

Salvatore Gatto y Bruno Leone en el Largo Banchi Nuovi de Nápoles (2010). Foto T.R.

Gaspare Nasuto. Maestría incontestable.

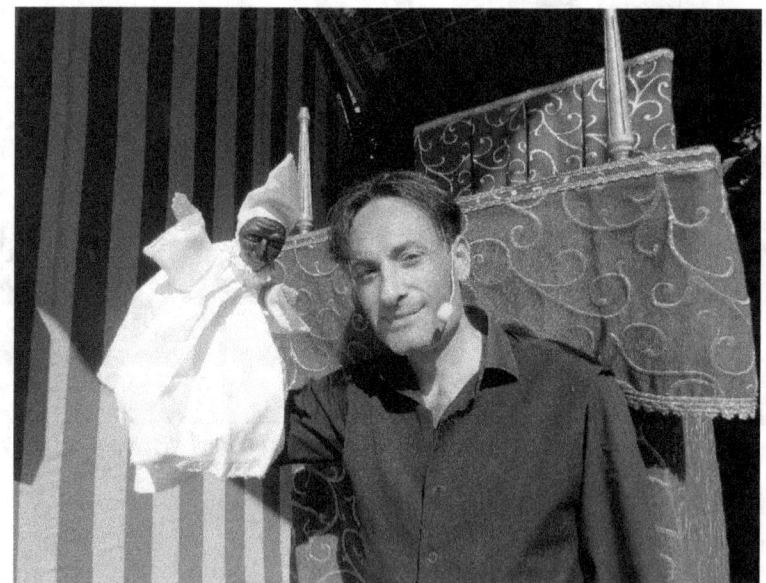

Gaspare Nasuto con Pulcinella después de la función en el Parque de las Marionetas, en Zaragoza, octubre de 2018. Foto T.R.

Nos encontramos ante uno de los virtuosos del Pulcinella napolitano más sólido y experimentado, bregado en las mil batallas de la *piveta* (la lengüeta) y la estaca, y capaz de interpretar todas las rutinas clásicas de los *guaratelle* con impecable ejecución.

Cuando la llamada de Pulcinella suena de la boca de Nasuto, no hay espectador que se resista al embrujo percutivo y rítmico de una manipulación que conoce las medidas exactas de todas las rutinas.

Lo he visto en distintas ocasiones y escenarios, y todas las veces me ha impresionado el empeño voluntarioso del titiritero en refinar y estilizar al máximo sus técnicas de manipulación, con un rigor exquisito en el divertimento de las rutinas, de una solidez deslumbrante.

Aquí no hay necesidad de distancia alguna ni de dosis homeopáticas contra la tradición, pues el vuelo del manejo *pulcinellesco* convierte el espectáculo en algo que va más allá de una función de títeres.

Hay que tener en cuenta que el repertorio manipulador de los Pulcinellas de Nápoles constituye una especie de "diccionario de las rutinas" al que todos los titiriteros que se interesan por este lenguaje acuden para conocer las posibilidades de su arte. En este sentido, Gaspare Nasuto, junto con algunos otros pocos maestros, forma parte de este cuerpo selecto de herederos de tales fondos de conocimiento. De ahí que verlo en acción constituye siempre un lujo y un goce.

(Texto publicado en Titeresante el 2 de octubre de 2018, en el artículo titulado: 'Parque de las Marionetas – Fiestas del Pilar I Teatri Mobili, Luís Zornoza, Gaspare Nasuto, Sara Henriques y Arnau Colom').

El Pulcinella de Luca Ronga, en el Museu da Marioneta de Lisboa

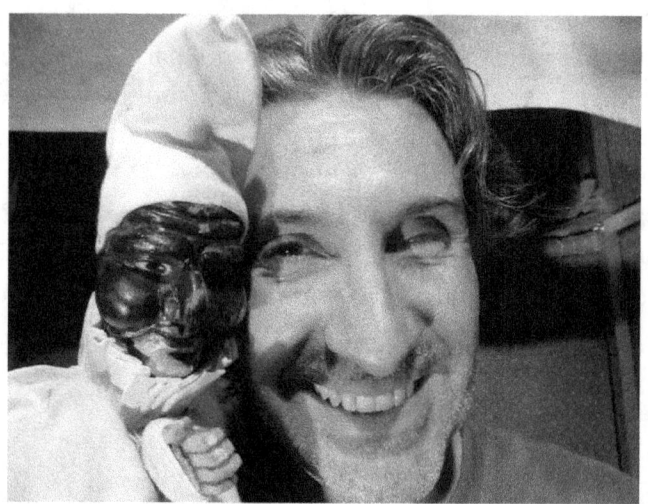

Luca Ronga y su Pulcinella. Foto T.R.

Dentro de las actividades complementarias a la exposición "Rotas de Polichinelo" que el Museu da Marioneta de Lisboa organizó en junio y julio de 2014, y que empezó con una Maratona de Robertos de dos días de duración (4 y 5 de julio), las representaciones de Pulcinella, espectáculo del italiano Luca Ronga, fueron uno de los puntos álgidos del programa. El escenario fue el claustro del Convento das Bernardas, lugar donde se ubica el Museu da Marioneta.

    Un lugar realmente único y de una belleza austera y relajada, y, por eso mismo, extraordinaria. Pensar que en el mismo espacio conviven el antiguo claustro de las Bernardas, un restaurante de lujo de los más caros de Lisboa en un ala, apartamentos sociales en el piso superior, y el Museu da Marioneta al otro lado, da una idea de la curiosa armonización social y cultural que se produce en él. Con el añadido, durante los días de la Maratona, de las funciones de uno de los más viejos arquetipos teatrales de Europa: Pulcinella.

De alguna manera, Luca Ronga vino a dar vida a la matriz originaria de la mayoría de los personajes que se hallan expuestos en la capilla, donde se ubica la exposición Rotas de Polichinelo. Lo hizo con una demostración exquisita y deslumbrante de dominio técnico de los títeres, en la que una estudiada y precisa gestualidad en la manipulación se combina con grandes dosis de sutileza y de relación inteligente con el público. Algo que se dice pronto, pero que exige horas y años de estudio, ensayo y análisis minucioso de lo que es manipular un títere.

Pocos titiriteros han alcanzado este dominio técnico exhibido por Ronga. Claro que ha habido claros antecedentes que marcaron en su día el camino, como los ya mencionados Salvatore Gatto y Bruno Leone, y existen hoy otros practicantes de los Guaratelle con semejante maestría y virtuosismo, como Gaspare Nasuto, Irene Vecchia o Gianluca di Matteo. Lo cual no hace más que indicar el gran momento que está viviendo la tradición Pulcinellesca en Italia.

Quizás la característica que mejor define el estilo de Luca Ronga sea su interés en trabajar los ritmos lentos, que funcionan a modo de contrapunto a los momentos veloces. En ambos casos, Ronga muestra un dominio rotundo del ritmo, un aspecto que está considerado como lo más difícil del arte de la manipulación de los títeres de guante. Este trabajo sobre el tiempo permite que las rutinas tengan relieve y profundidad, hablen claro al público y desplieguen contenidos temáticos distintos y contrapuestos. Permite también sorprender al espectador, arrastrado a éste por el gran poder de verosimilitud que tienen los títeres cuando son movidos con una medida justa de la gestualidad y de los tiempos.

Las funciones de Luca Ronga en el Claustro das Bernadas fueron, para los presentes, una verdadera y brillante *masterclass* sobre el arte de la manipulación de los títeres, que los afortunados espectadores pudimos gozar, entregados y maravillados por semejante exhibición de virtuosismo. Un hecho que nos indica el buen momento que las familias tradicionales de los títeres de guante viven hoy en Europa. ¡Que crezca y continúe!

(Artículo publicado en Titeresante el 14 de julio de 2014).

Encuentro con Luca Ronga.

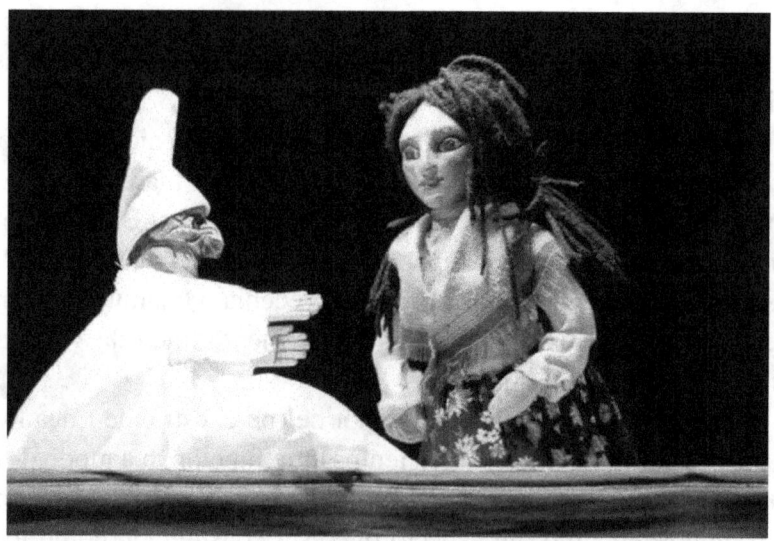

Pulcinella y Teresina. Títeres de Luca Ronga. Foto Luca Ronga.

Aprovechando la estancia de Luca Ronga en Barcelona en mayo de 2013, donde ha dado un curso en el Institut del Teatre sobre Pulcinella y manipulación de títeres de guante, decidimos charlar con él, afín de conocer un poco más sobre su trabajo. Para ello nos citamos en la redacción de Titeresante, con las Ramblas tronando a nuestros pies y sendos cafés sobre la mesa.

—Mi formación viene del mundo del gesto, de la interpretación mímica y de la máscara. Me formé durante años en esta especialidad y empecé a probar en los escenarios. Pronto me di cuenta de que no estaba del todo satisfecho con los resultados. Hasta que un día impartí un curso de teatro para niños. Se me ocurrió que para improvisar iría bien utilizar unos títeres y así lo hicimos. Fue una absoluta revelación, para los niños, pero sobre todo para mí. Nunca había experimentado esta comodidad actuando: el títere me permitía utilizar todo lo que había aprendido con una precisión escalofriante. El ritmo, los detalles del movimiento, el control de la gestualidad, todo ello estaba en mi posesión, al alcance de mi mano o, mejor dicho, encarnado en mis propias manos. Había encontrado lo que me faltaba. Desde entonces, me he dedicado a interpretar con los títeres, con Pulcinella como compañero de armas.

Un Pulcinella, el de Luca, asociado pues al ritmo y al estudio preciso de la gestualidad, evitando la "polución" del descontrol de los movimientos que a veces sufrimos los titiriteros.

—Sí, mi estilo gusta de la precisión, del movimiento lento. Un títere demasiado agitado satura y no permite al espectador entender realmente lo que nos quiere decir.

Le pregunto qué es para él Pulcinella.

—Para mí, es un vacío. Alguien que no tiene personalidad. La máscara así nos lo indica. Adquiere una identidad cuando se contrapone a otra. Si le atacan, responde. Si le chillan, él chilla más o se calla para dejar al otro en evidencia. Si le aman, se convierte en el más fervoroso de los amantes, o se muere de celos. Al no tener ninguna personalidad fija, las puede tener todas. Es pues un comodín que puede interpretar cualquier papel, cualquier cosa. Por eso siempre me ha acompañado en todos mis espectáculos.

Con esta definición, Luca Ronga nos da la clave para entender su forma de trabajar: los roles surgen de la confrontación con el otro. Para el titiritero, es la mano derecha confrontada a lo que hace la izquierda, y viceversa. Así se abren espacios de conocimiento de uno mismo, pues no siempre la derecha sabe lo que hace la izquierda.

—Me preguntaron en el taller que estoy haciendo aquí en Barcelona cómo se fabrica un gag. Me quedé sin respuesta, pues normalmente los gags "salen", sin que pensemos en "cómo sacarlos". Surgen de la improvisación. Pero la pregunta requería una respuesta. Lo estuve pensando y comprendí entonces que la respuesta estaba precisamente en el encuentro, en la manera en que dos personajes se relacionan, se confrontan entre sí. Consideré cuatro modos: 1- los Opuestos (por ejemplo, malo/bueno, guapo/feo), 2- el Espejo (verse reflejado en el otro: los dos son malos o muy buenos, o iguales o parecidos), 3- el Ayudante (aquél que hace todo lo que se le pide, por muy disparatado que sea) y 4- el Equívoco (lo que se dice se interpreta de modo diferente o contrario). Con estos cuatro modos diferentes de confrontarse podemos generar todos los gags que queramos.

Una manera perfecta para entender esta concepción de Pulcinella basada en el vacío, en la asunción de cualquier rol o personalidad a partir del encuentro, el desencuentro y la confrontación.

Luca tiene un espectáculo clásico de Pulcinella que él interpreta a su manera, siguiendo la ortodoxia tradicional, pero con una forma muy propia de administrar el gesto y los movimientos. Es como si el actor gestual que hay en Ronga dialogara con sus manos, negociando siempre la cantidad y la calidad del ritmo, sus tiempos exactos. Eso hace que sus garrotazos cachiporreros tenga una energía distinta a la habitual: en vez de dar libertad a las manos para desfogarse desplegando la violencia contenida en nuestros nervios y músculos, sus porrazos pueden llegar a ser casi caricias, pues en ellos prima más el ritmo y la cadencia musical de la manipulación. Es decir, hay una separación entre los títeres y la mirada del manipulador. De hecho, podría decirse que ambos se miran y se observan mutuamente. De esa observación surge una distancia, que el Tiempo, es decir, la lentitud contenida y estudiada del movimiento, llena de fuerza, tensión y poesía.

También tiene un Don Giovanni en *carne e legno*, es decir, con actores y con títeres, en el que los personajes aparecen duplicados en sus réplicas de madera.

Actualmente se halla a punto de estrenar un espectáculo nuevo, "Circum Vesuviana" (se refiere a la línea de metro que circunda el Vesubio, en Nápoles), a partir de un texto de Gigio Brunello. En él, Pulcinella se confronta con situaciones insólitas: ¿qué pasa si Teresina quiere tener un hijo de Pulcinella y desea para ello ser manipulada por una mano de verdad? (pues se la suele mover con un simple palo únicamente para hacerla bailar). ¿Y si la Muerte es la amante de Pulcinella y ambos tienen una hija?... Situaciones insólitas planteadas por este maestro de la escritura para títeres que es Gigio Brunello.

—El estreno es el 30 de mayo (de 2013), de modo que estamos ya en los últimos ensayos.

Le deseamos lo mejor desde Titeresante, con la ilusión de poder ver este espectáculo lo antes posible.

(Artículo publicado el 19 de mayo de 2013 en Titeresante. Vean también el reportaje en dos partes escrito por Jordi Palet en Putxinel·li sobre el curso realizado por Luca Ronga en Barcelona, en mayo de 2013).

El Pulcinella de Irene Vecchia.

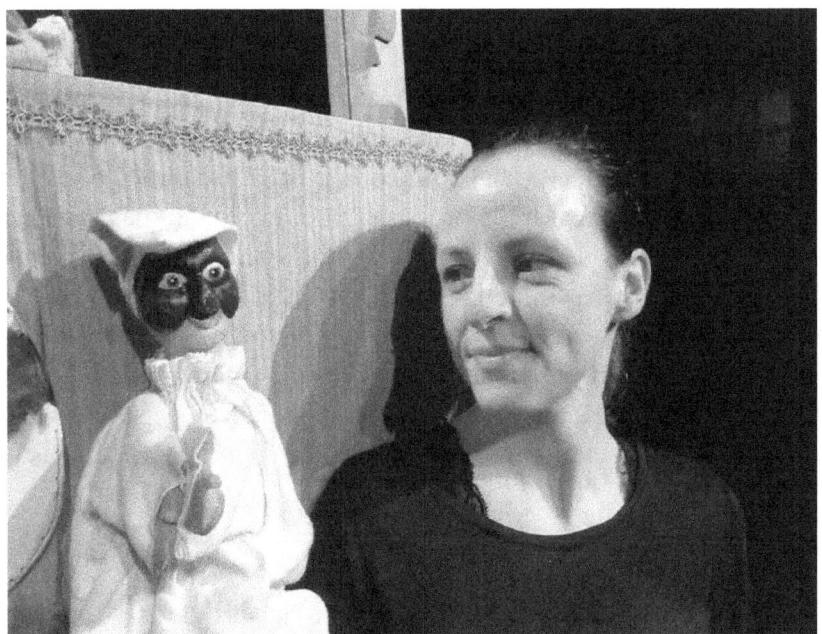

Irene Vecchia con Pulcinella, en el Festival de Montemor-o-Novo, Portugal, en abril de 2014. Foto T.R.

Fue una suerte ver a Irene Vecchia en el Festival de Montemor-o-Novo (abril de 2014) una titiritera de los *guaratelle* napolitanos, reconocida como uno de los jóvenes valores al alza de esta especialidad. Discípula de Bruno Leone y de Salvatore Gatto, con los años ha conseguido hacerse con un acusado estilo propio.

Pertenece Irene a este grupo de titiriteros a los que también hay que llamar músicos, en la especialidad de la percusión, línea fundada por el maestro Gatto, quien hizo de sus capacidades rítmicas su principal signo de identidad —llegó incluso a actuar haciendo dúo con una batería al lado—.

El estilo de Irene Vecchia es en este sentido vigoroso y potente, de una fuerza insólita en el uso de los sonidos producidos por el choque de las maderas de los títeres —manos, cabezas y cachiporras— y del retablo. Espectáculo rítmico-percutivo que requiere de un dominio exhaustivo, muy estudiado y estricto de las secuencias y de las diferentes rutinas de manipulación. Con sólo cinco personajes, Pulcinella, Teresina, el Perro, Pasquale y la Muerte, más el ataúd que centra la dinámica de la última parte del espectáculo —y las distintas cachiporras de grosores crecientes—, Irene Vecchia consigue dar vida al viejo arte de los *guaratelle* durante tres cuartos de hora largos, conquistando al público que llenó la Sala Estudio del Teatro Victor Semedo de Montemor-o-Novo.

Un viaje en el tiempo, tal como ella misma nos indicó al empezar el espectáculo, pues quiso Irene presentar una función al más puro estilo napolitano, hablado todo él en la lengua de Nápoles, sin que ello fuera obstáculo alguno para la comunicación. Un trabajo que nos ilustró no sólo sobre los trazos y las formas de esta gran tradición mediterránea, origen de tantas otras familias polichinescas de Europa, sino también de la vitalidad que hoy sigue gozando. Renovándose con nuevas generaciones que lo recrean y lo hacen evolucionar manteniendo vivas la esencia más profunda de su arte.

(Fragmento del artículo publicado el 3 de abril de 2014 en Titeresante sobre el Festival de Montemor-o-Novo, en Portugal).

Le guaratelle de Gianluca di Matteo

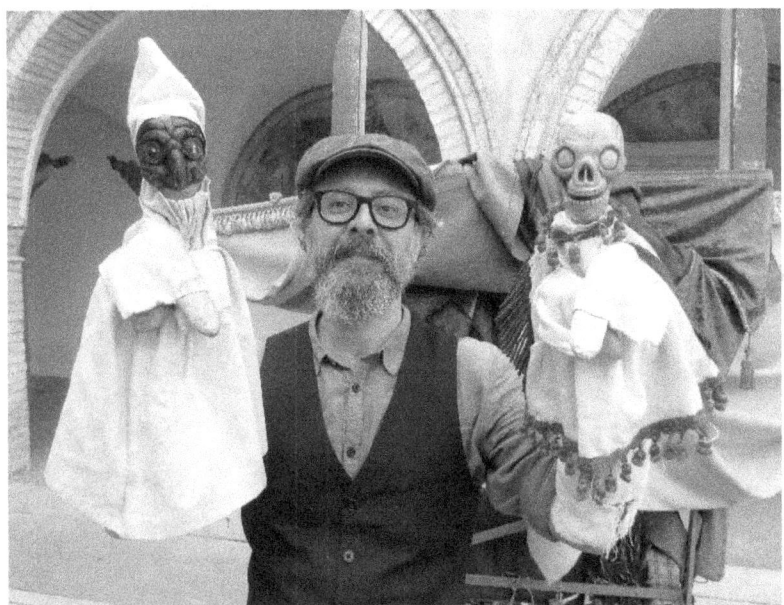

Gianluca di Mateo en el claustro del exconvento de San Francesco, en Pordenone, Italia, durante el Festival MAgicaBUra!, en mayo de 2019. Foto T.R.

Fue un signo de justicia e inteligencia que los directores del Festival *MAgicaBUra!* de Pordenone programaran a los famosos *guaratelle,* los títeres populares de Nápoles que tienen a Pulcinella de protagonista y que exhiben unos rasgos propios tan diferentes de los estilos del norte italiano. Como es bien sabido, estos se sustentan más en la palabra y en la comedia que en los juegos histriónicos, hipercinéticos y casi mudos aunque chillones, de los títeres de guante napolitanos.

Claro que también en Nápoles se representaban antiguamente comedias con sus largos *copiones* y con la presencia de todas las 'máscaras' de la Comedia del Arte. Aunque también se sabe que en el novecientos se impuso en la Italia borbónica la modalidad de los *pupi*, influencia sin duda de la antigua máquina real española, cuya presencia en los escenarios de los siglos XVII y XVIII fue tan importante en todos los territorios del viejo Imperio Español.

En Nápoles, los *pupi* desaparecieron en los años setenta-ochenta del siglo XX, incapaces de sobrevivir al acoso de la modernidad y de competir con el cine, la sociedad consumista y la televisión. Los que sí han sobrevivido son los *guaratelle*, quizás por su modestia, al ser por regla general compañías de un único titiritero más algún ayudante externo, mientras las compañías de *pupi* eran verdaderas empresas teatrales de muchos empleados.

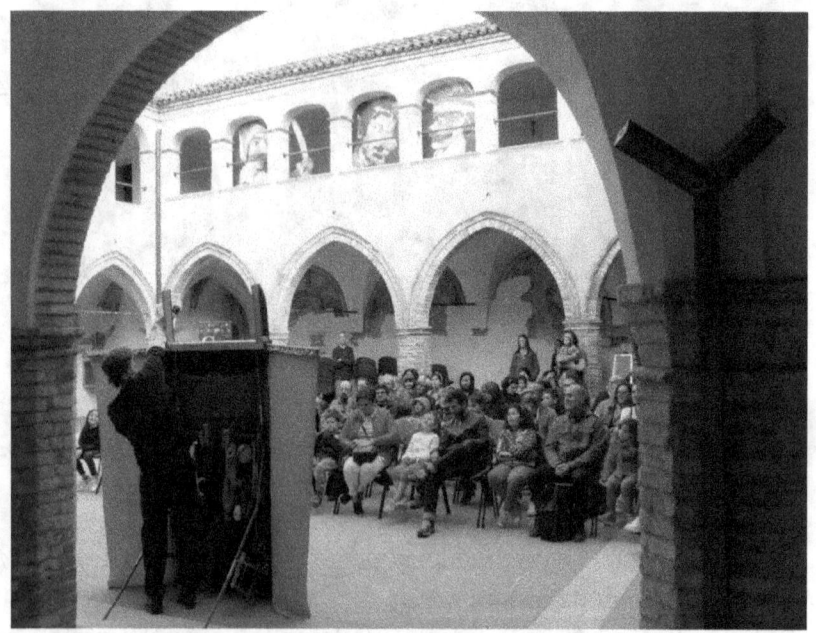

Momento de la actuación de Gianluca di Matteo. Foto T.R.

Han sobrevivido, los *guaratelle*, y han triunfado en el mundo contemporáneo, tan amante como es de las formas sintéticas del arte y del espectáculo. Hoy son muchos los maestros y las maestras que pasean a Pulcinella por medio mundo. Gianluca Di Matteo es uno de ellos.

Lo conocí hace años en una actuación en La Puntual de Barcelona. Verlo ahora en el claustro del exconvento de San Francesco, en Pordenone, me confirmó el buen momento y el alto grado de excelencia en el que se encuentra. Tras sus años de práctica llevando a Pulcinella por todo el planeta, di Matteo se ha convertido en un titiritero en el punto dulce de su madurez.

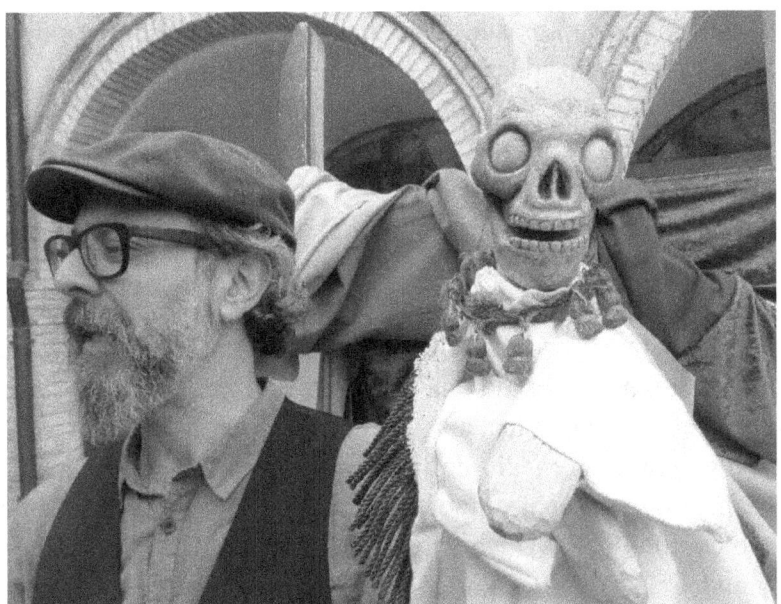
Gianluca di Matteo y la Muerte. Foto T.R.

Su Pulcinella es de los que gustan quedarse en lo esencial, lo que requiere un dominio muy seguro de los lenguajes de la manipulación, es decir, de las llamadas 'rutinas'. El espectáculo de Di Matteo sacó 'chispas' (sucede cuando la velocidad es extrema) aquel día, con apenas cuatro títeres: Pulcinella, el perro, Pasquale y la Muerte. Y con esos cuatro únicos personajes, fue capaz de tener al público entregado durante todo el tiempo que duró la obra, quizás unos cuarenta o cincuenta minutos. Las rutinas se repetían, pero siempre con matices diferentes, para ir saltando así de bloque en bloque. Colgados detrás del retablo había otros personajes, pero que no pidieron salir, pues no era necesario.

Fue una lección de lo que son hoy los *guaratelle* en el panorama titiritero, este arcaísmo tan contemporáneo, que logra la quintaesencia del arte dramático sin decorado alguno, con la máxima expresividad desde la mínima escena: títeres simples y pequeños, ágiles para la acción, decorados nulos, retablo que es un simple panel tras el que se esconde el titiritero, libre de salir del mismo con sólo dar un paso a diestra, o, a siniestra. La palabra y la acción quedan reducidas a una coreografía, por lo general veloz, de juegos entre los títeres: persecución, equívocos, bastonazos, entradas y salidas, usando el ritmo como el cemento dramatúrgico que une y lo convierte todo en música de percusión. Se le podrían añadir perfectamente esos instrumentos que se pueden tocar sin manos —armónicas, flautas de pan, reclamos de caza y otros artilugios sonoros— y el espectáculo podría alcanzar la categoría de 'concierto de palos, sonidos varios, lengüeta y títeres'. El Punch and Judy ya acostumbra hacerlo en algunas ocasiones. Un trabajo que suele derivar en ejercicios de virtuosismo, como tantas veces hemos visto. En ocasiones parece que compiten entre ellos para ver quién corre más, quien ejecuta las mismas rutinas a más velocidad. Competición que a mi modo de ver no mejora los resultados sino que exaspera los ritmos, aunque garantiza los aplausos. No fue el caso de Di Matteo, que bordó una interpretación veloz pero equilibrada, siempre en perfecta comunicación con el público.

Programado en medio de las representaciones de las 'máscaras' (así se llaman los personajes tradicionales del teatro de títeres en Italia), di Matteo completó el abanico entero de las técnicas titiriteras de la tradición italiana a los espectadores del MAgicaBUra!: de un extremo al otro, desde el reino de la palabra y del refinamiento dramático de lo que Romano Danielli llama el Teatro Clásico de los Títeres de Italia, al reino de la velocidad cinética de los *guaratelle* que persigue la síntesis del títere. Un lujo inmenso para los que tuvimos la suerte de estar en Pordenone.

(Texto aparecido en el artículo: *III: Exposición 'Giù la maschera' y 'MAgicaBUra!', Festival de Teatro di Figura, en Pordenone, Italia: Claudia Contin Arlecchino, Gianluca Di Matteo y Compañía Romano Danielli.* Publicado en Titeresante el 9 de mayo de 2019)

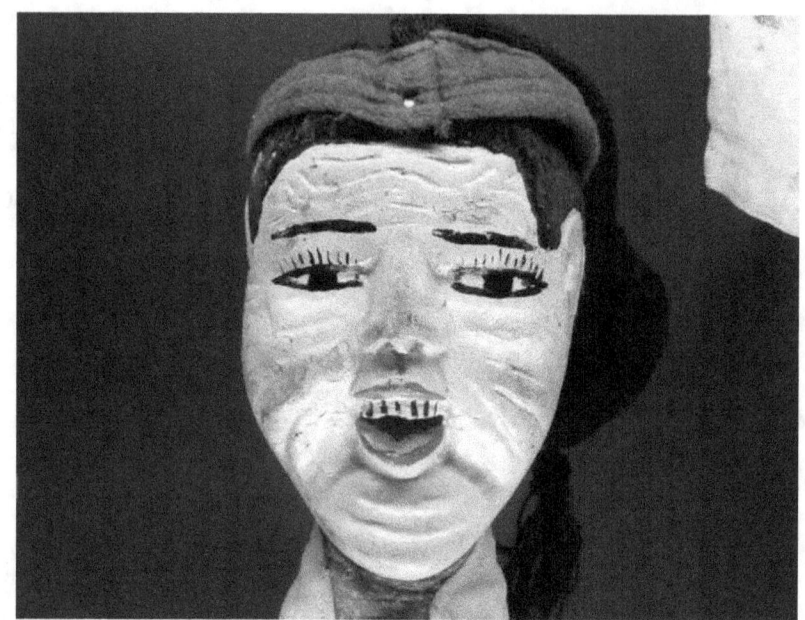
Roberto de Manuel Rosado. Museu da Marioneta de Lisboa. Foto T.R.

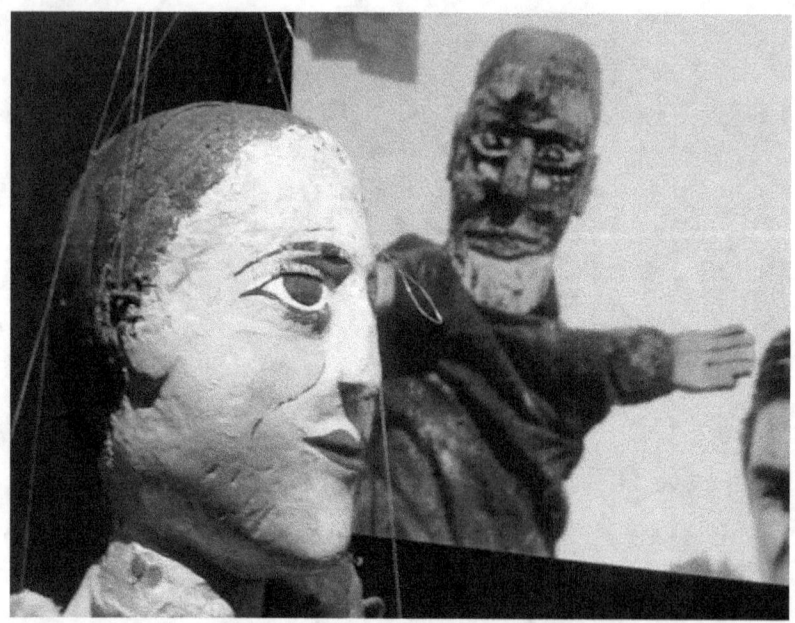
Roberto de Joaquim Pinto. Museu da Marioneta de Lisboa. Foto T.R.

Dom Roberto

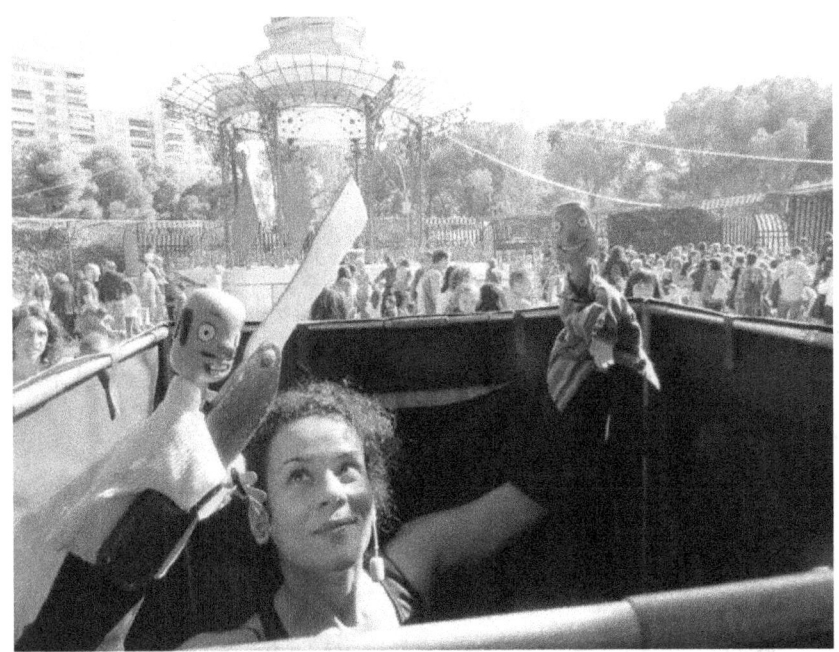

*Sara Henriques con 'Dom Roberto y el Barbero'.
Parque de las Marionetas de Zaragoza. Octubre 2018. Foto T.R.*

De Nápoles nos vamos a Lisboa para fijarnos en este personaje que da nombre al llamado Teatro Dom Roberto. Así se conoce la tradición de los títeres populares en Portugal: como sucede en tantos otros lugares, el personaje nombra toda una tradición, un género, un estilo.

¿Qué distingue al Dom Roberto de los otros personajes de la tradición europea? Según decía João Paulo Seara Cardoso, su extrema sencillez. Su retablo es el más sencillo de los que se conocen en Europa: un simple cubo extendido de tela donde se esconde el titiritero, sin ningún fondo, ni telones, ni decorados fijos. El público puede situarse a 360º a su alrededor, aunque a veces, especialmente en la escena de la princesa y el fantasma, se coloca un decorado plano al fondo, un castillo con dos puertas. Sin embargo, ver la función desde atrás sigue siendo posible y muy divertido.

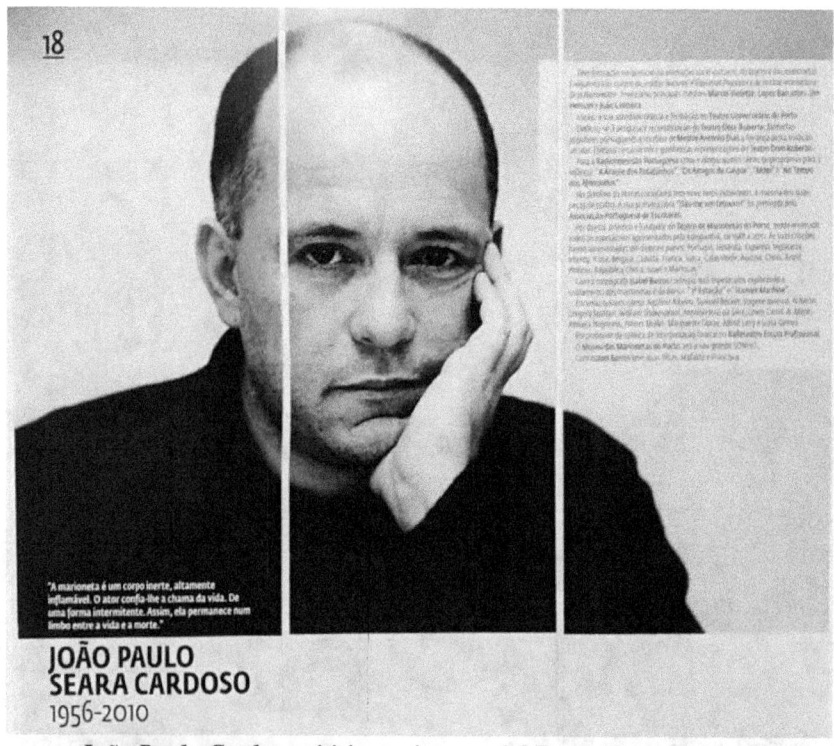

João Paulo Cardoso, titiritero virtuoso del Teatro Dom Roberto, en una imagen del Museu das Marionetas do Porto, del que fue fundador. Foto T.R.

Sencillez, máxima síntesis de sus elementos compositivos. Muchos consideran que el Dom Roberto o los Robertos —así se llama también a los títeres en Portugal— es la quintaesencia del lenguaje de los títeres tradicionales, que se basa en la simplificación radical de sus componentes. En realidad, comparte estas características con los *guaratelle*, como apuntamos en el capítulo anterior. También se distingue por ser la única tradición en la que todos los personajes hablan con la lengüeta, en portugués llamada *palheta* —normalmente, en las otras tradiciones sólo es utilizada para el personaje principal—. Eso todavía le da mayor velocidad y obliga al titiritero a matizar, mediante sutilezas, cambios, sonidos, ritmos y movimientos. Es como si al llegar a su punta más occidental, al *finisterre* geográfico y cultural de Europa, el espíritu polichinesco se estilizara, con la intención de refinarse hacia sus máximos extremos, tras haberse adaptado al sostén cultural que lo acoge.

Sobre la procedencia del nombre Dom Roberto, no hay certidumbres claras. Unos dicen que procede de una famosa comedia de cordel titulada "Roberto do Diabo", otros lo asocian al nombre de quien fue un conocido empresario de teatro de marionetas llamado Roberto Xavier Matos. Es interesante observar cómo el Dom Roberto encaja tan bien con una tradición de sólida raigambre portuguesa: la de los autos medievales, encarnada a día de hoy en un estado de extraordinaria pureza por los Bonecos de Santo Aleixo, actualmente representados por los actores del Centro Dramático de Évora.

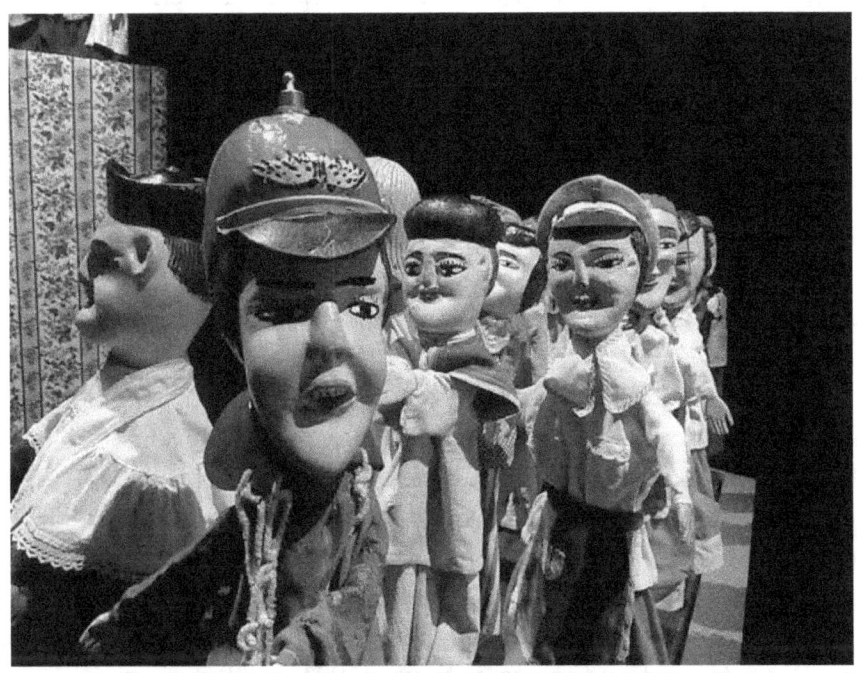

Procesión de Semana Santa, Robertos de Manuel Rosado,
Museu da Marioneta de Lisboa. Foto T.R.

Para hablar de los orígenes de la práctica contemporánea del Dom Roberto, me gustaría trasladar aquí una conversación que tuve con João Paulo Cardoso, el día 14 de julio de 2010 en Oporto. Bien acomodados en un restaurante de la parte baja del río, me contaba Cardoso cómo se inició en los títeres populares:

—Era entonces muy joven. Hacía teatro de calle y de animación en calidad de técnico del FAOJ (Fondo de Apoio aos Organismos Juvenis) que dirigía el Mestre Francisco Esteves. Fue él quien rescató del olvido a Antonio Dias, el último titiritero de Dom Roberto que quedaba en activo en los años setenta. Le ofreció un sueldo estatal y lo invitó a actuar en escuelas, plazas, fiestas mayores... Lo conocí en una de esas representaciones y quedé fascinado por su trabajo. En seguida quise incorporar los títeres al teatro que hacíamos y, sin decirlo a nadie, preparé unas escenas en la línea del Dom Roberto. Cuando las tuve listas, con gran vergüenza, se lo enseñé a Antonio Dias. Sus opiniones fueron muy generosas, pero lo mejor es que aceptó enseñarme. Era lo que le había querido pedir, con mucho miedo de que me dijera que no. Piensa que los titiriteros de entonces se guardaban los "trucos" como si fueran verdaderos secretos. Lo invité a Porto durante quince días, que se alargaron un mes. Fueron días fantásticos. Él actuaba casi cada día en una esquina del Campo dos Mártires da Pátria, y pude así aprender mucho de lo que sabía. Nació también una amistad que duró hasta su muerte.

Entre sardina y sardina, acompañados por el *vinho verde* de la casa, le pregunté a Cardoso cómo estaban considerados los Robertos en aquella época.

—Era una forma de teatro absolutamente ignorada, cuando no menospreciada. Antonio Dias actuaba en la calle y pasaba el sombrero, pero cada día había más trabas y dificultades. La gente lo consideraba como algo caduco, una reliquia del pasado que moriría con sus últimos practicantes. Existe una película de los años cincuenta, titulada precisamente Dom Roberto, que explica muy bien aquella situación.

Conozco esta película, de la que el mismo Cardoso me pasó una copia. Dirigida por José Ernesto de Sousa (1921-1988) e interpretada por Raul Solnado (1929-2009) y Glicínia Quartin (1924-2006), dos grandes actores portugueses, en el papel de protagonistas. Dom Roberto es un filme de culto considerado como la primera cinta del neorrealismo portugués.

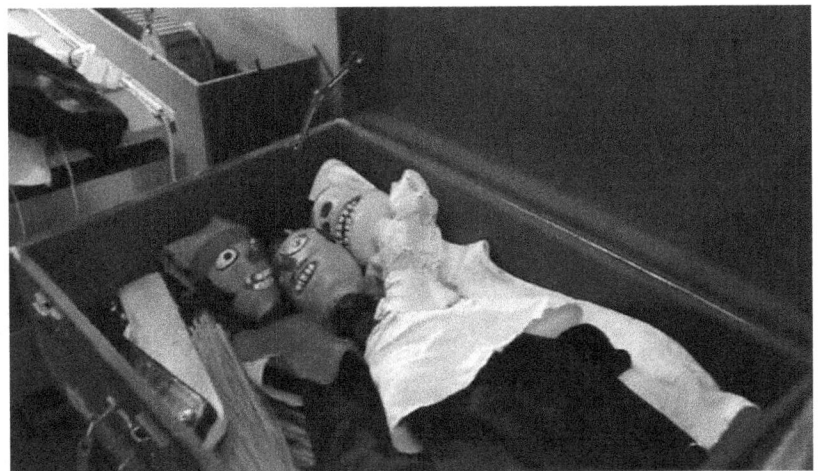
La maleta con los títeres de João Paulo Cardoso. Foto T.R.

Estrenada en 1962, cuenta la historia de un personaje tan pobre, tan pobre, que ni siquiera tiene casa, vive en la calle y, lo peor, intenta ganarse la vida haciendo lo único que sabe hacer: ¡títeres! Arrastra consigo unas maderas en las que se lee *Dom Roberto*, las instala en cualquier esquina y, con ese retablo, ante un público frío e indiferente, de su función. Un día encuentra a una chica aún más pobre y desamparada que él, a punto de suicidarse. La convence para que no lo haga y nace así una dulce historia de amor entre los dos. Ocupan una casa vacía y sobreviven entre un vecindario que desconfía de ellos pero que también les ayuda. Finalmente, unas reformas inminentes en la casa les obligan a marcharse.

La película es una maravilla en blanco y negro de la época, e ilustra con exactitud la consideración que hacia los años cincuenta se tenía del oficio de titiritero: sinónimo casi de indigencia. Una exageración, sin duda, pero que sirvió al director para poetizar la vida de las capas más pobres y populares del pueblo portugués. El titiritero que interpretó las escenas de títeres fue precisamente Antonio Dias: aunque no sale en escena, las manos que mueven los títeres son las suyas.

Dijo Cardoso:

—Fue muy importante para mí ver esta película. Piensa que, cuando conocí a Dias, había tenido un infarto cerebral y manipulaba con un ritmo más lento. Hasta que no vi la película no comprendí el ritmo diabólico que debía darse a los Robertos.

Realmente, lo que más sorprendía de una función de Robertos de la mano de Cardoso era el virtuosismo de su manipulación: un ritmo trepidante y enloquecido, sólo comparable al Pulcinella napolitano, que también suele tomar semejantes velocidades de acción.

Lo que en los años sesenta y setenta del siglo XX era una tradición en estado de decadencia, hoy vive unos momentos de auge, con un buen número de titiriteros repartidos por todo el país que practican el Dom Roberto. Muy apoyada por el Museu da Marioneta de Lisboa, que se ha empeñado en sostenerla y promocionarla. La tradición de los Robertos interesa a los jóvenes y vuelve a encandilar a los públicos populares de la calle, así como a los festivales internacionales del género.

Para mostrar esta riqueza y el buen momento que vive, reproduciremos el artículo publicado en Titeresante a raíz de la Maratona de Robertos que el Museu da Marioneta organizó en julio de 2014.

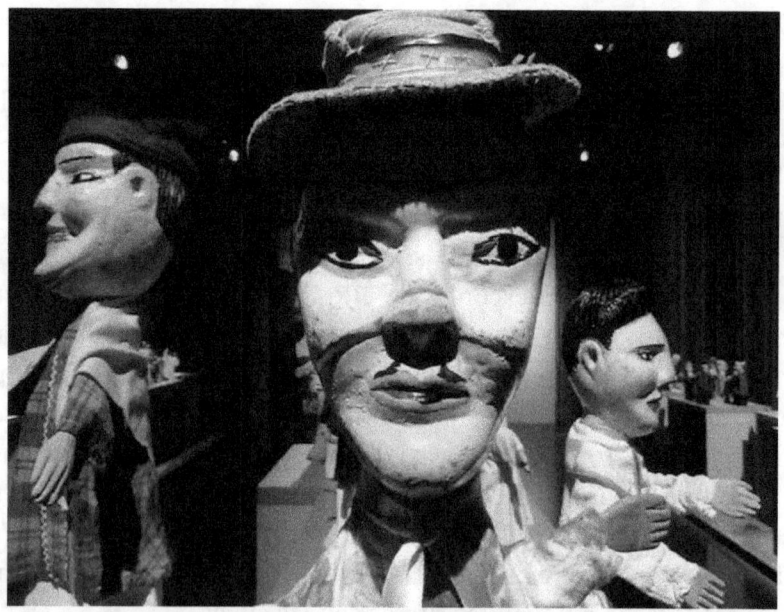

Robertos de Manuel Rosado. Exposición Rotas de Polichinelo, Museu da Marioneta, julio 2014. Foto T.R.

Maratona de Robertos

Tras la abertura de la exposición "Rotas de Polichinelo" en el Museu da Marioneta de Lisboa el jueves 3 de julio de 2014, se realizaron el sábado 5 y el domingo 6 dos maratones de Robertos, en las que participaron todos los titiriteros que hoy en día practican el Teatro Dom Roberto en Portugal. La primera de las maratones tuvo lugar en uno de los centros neurálgicos de la capital lusitana, el Chiado: por debajo de donde se encuentra la estatua dedicada a António Ribeiro, más conocido como Chiado, y la de Fernando Pessoa, sentado en una silla de bronce frente al café A Brasileira, donde tantos cafés y *bagaços* bebió el poeta de los heterónimos a lo largo de su vida.

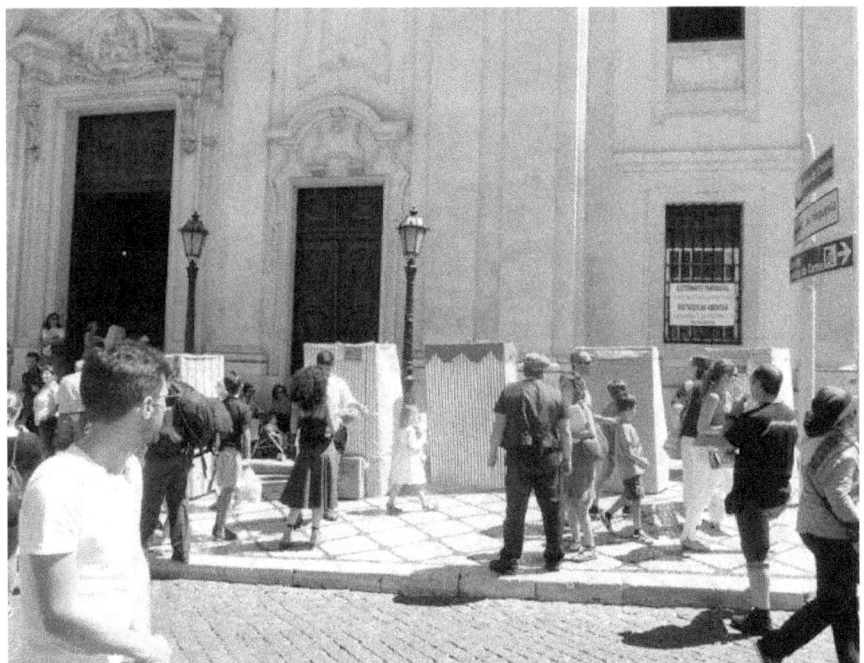

Retablos frente a la Basílica dos Mártires, en el Chiado.

Los retablos se pusieron exactamente frente a la Basílica dos Mártires, un lugar de paso, en plena Rua Garret, muy frecuentado por los lisboetas y por los turistas. Un sitio seguramente algo reñido con la relajación que requiere un espectáculo de Robertos. Esta localización, tuvo la virtud de acercar geográficamente al procaz Don Roberto con dos personajes que de alguna manera lo secundan: al escritor de autos y al parecer gran bufón e imitador, António Ribeira 'Chiado', que ha dado nombre al barrio, y al maestro de los desdoblamientos, Fernando Pessoa, cuyas criaturas inventadas, alter egos emancipados del poeta, cual marionetas de la mente, penden de los hilos mágicos de la imaginación.

Esta cercanía, sin duda forzada y hasta irreverente, que horrorizaría a filólogos, estetas y entendidos en la materia, constituyó una transgresión de la que nadie tomó nota, sutil e imperceptible, y por ello mismo aún más interesante. Este observador tuvo una fugaz apreciación de la misma, con gran regodeo de la situación, mientras otros dos observadores, cámara en ristre, daban fe visual de lo acontecido: Yasnibel Martínez y Enrique Lanz.

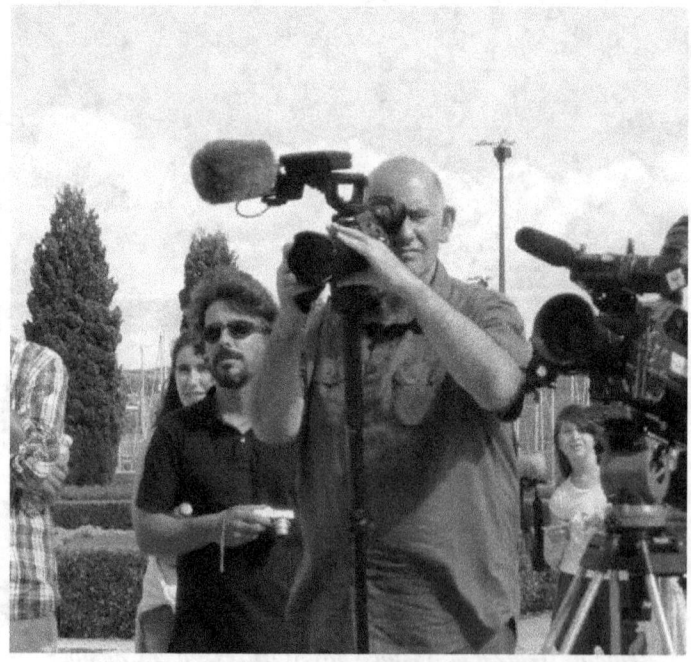

Enrique lanz, en el Jardim de Belém.

La segunda *maratona* aconteció en otro lugar estratégico de Lisboa: ni más ni menos que en los jardines de Belém, frente a Os Jerónimos, el impresionante monasterio manuelista donde se halla enterrado Luís de Camões, y al lado del Centro Cultural de Belém (CCB). Una situación estratégica de altos vuelos, ideal para ubicar en ella a los Robertos portugueses, que constituyen la expresión más humilde de la cultura popular portuguesa. De nuevo una preciosa intersección entre las mayúsculas de la a Alta Cultura, y las minúsculas de los títeres que expresan el alma sencilla del pueblo portugués.

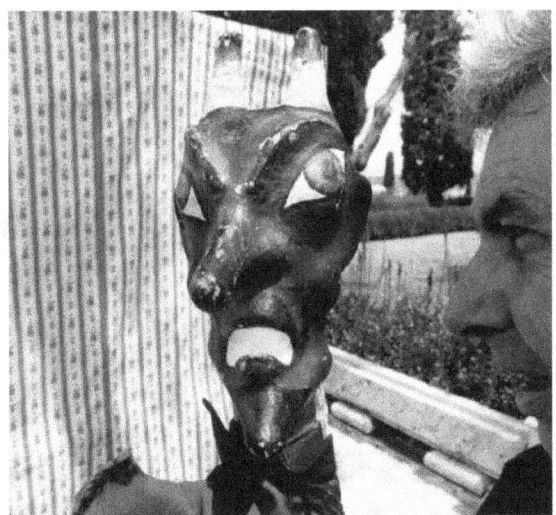

Diablo de Francisco Mota. Foto T.R..

Los Robertos aplicaron aquí aquel principio universal del Corán que dice "Si la montaña no viene a Mahoma, Mahoma va a la montaña". Brillante intuición de María José Machado Santos, directora del Museu da Marioneta, motor operativo de este estallido de contradicciones y paradojas, que impregnó ambas maratones de un sutil pero potente perfume de transgresión cultural, de las que tocan las raíces mismas de la corrección política.

Toca hablar ahora de los Robertos y las distintas representaciones que pudimos ver en ambas ubicaciones: once exactamente, más el Mamulengo de Marcelo Lafontana que cerró el encuentro de Belém con brillante colorido.

Once roberteiros son los que hoy practican lo que podemos llamar la tradición de los títeres de guante en Portugal. Un número importante, si tenemos en cuenta que hace apenas treinta años eran muy pocos los que mantenían la tradición en pie.

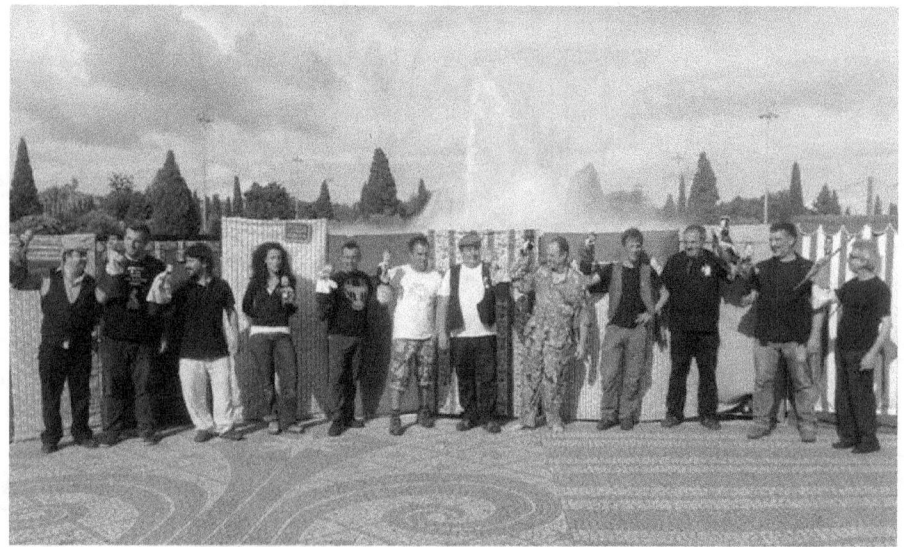

Los once Teatros Dom Roberto con Marcelo Lafontana en el centro. De izquierda a derecha: Nuno Correio Pinto, Rui Sousa, João Costa, Sara Henriques, Sérgio Rolo, Vitor Santa-Bárbara, José Gil, Marcelo Lafontana, Raul Constante Pereira, Manuel Costa Dias, Jorge Soares y Francisco Mota. Foto T.R.

Sin embargo, antes de entrar en la descripción de este encuentro de Dom Roberto, se impone aquí una reflexión que brota espontáneamente de la misma realidad de los Robertos: ¿la tradición se refiere a un personaje o a un estilo, a una manera de hacer títeres? La pregunta lleva implícita su respuesta: las dos cosas. Personaje y designación genérica. Claro que habrá disensiones, y unos insistirán en una cosa, y otros en la otra, pero por ello mismo la prudencia ecuánime nos obliga a aceptar las dos opciones como válidas. ¿Acaso la misma condición titiritera no nos da la libertad para que sea así?

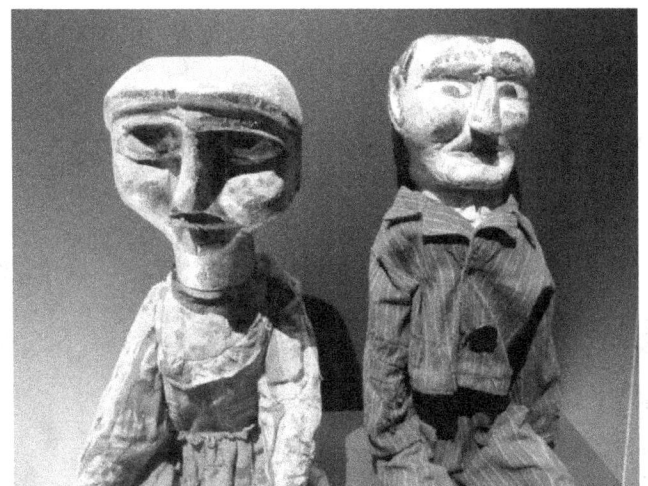
Casal. Robertos de Faustino Duarte. Museu da Marioneta de Lisboa. Foto T.R.

Por cierto, una situación muy común en la Península Ibérica; hay un Don Dristóbal pero también se habla de los Cristobitas. Y en Cataluña, Titella es personaje, pero sobre todo es denominación genérica del títere de guante.

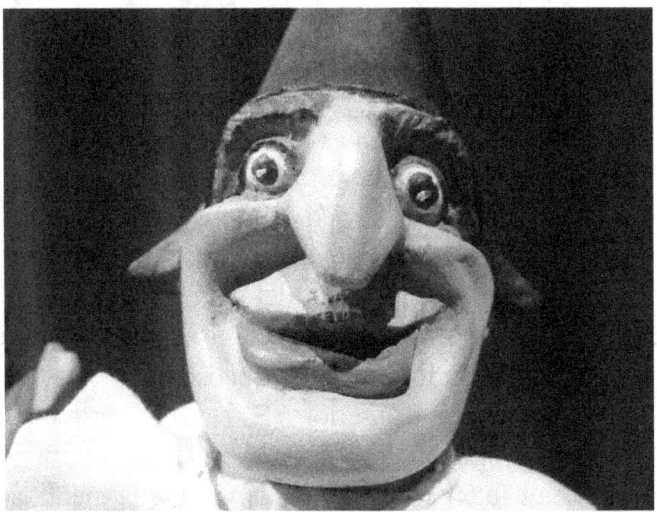
Propuesta de rostro para Don Cristóbal Polichinela, de Helena Millán. Encargo del Topic de Tolosa. Exposición Rotas de Polichinelo. Foto T.R.

En los tres casos, existe libertad figurativa: no hay para el personaje un modelo único, un rostro canónigo. Cada titiritero tiene el suyo propio, o sigue líneas establecidas por otros. Una libertad que la vemos en las disparidades figurativas de los títeres de Faustino Duarte, de Joaquin Pinto, de Manuel Rosado, de Domingos Mora, de António Dias, de João Santa-Bárbara o de João Paulo Seara Cardoso.

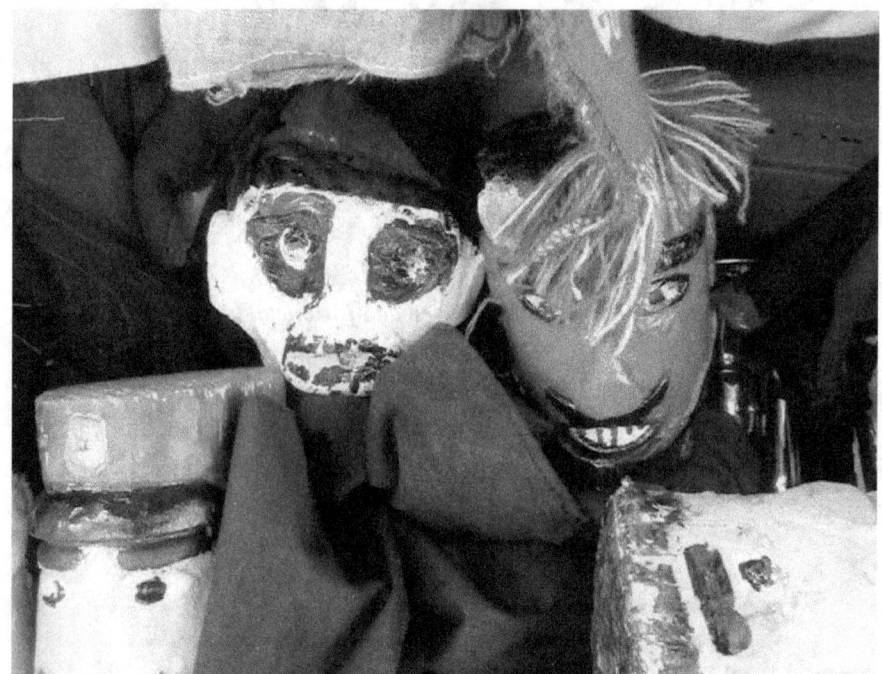

Robertos de João Santa-Bárbara. Foto T.R.

En el Museu da Marioneta, rico en títeres de Manuel Rosado, podemos descubrir el criterio figurativo de este titiritero que recorría las ferias portuguesas en los años cincuenta del siglo XX. Rosado seguía un único modelo, él mismo: rostros redondos como el suyo, que parecen querer expresar un sentido optimista, alegre y jocoso de la vida.

Volvamos a la pregunta anterior: ¿Es Dom Roberto un personaje? Sí, para los que así lo quieren considerar. Pero el hecho mismo de que todos los personajes hablen con la lengüeta, diluye la identidad y la extiende al conjunto de los que aparecen en el repertorio. ¡Incluso el toro habla con lengüeta! ¿Es un Roberto? Sin duda. Pero también el Torero es Dom Roberto.

Esta indefinición de la identidad –ser y no ser alguien– es una característica que permite enlazar los robertos con esa alma portuguesa de

Pessoa, cuando dice que la mejor manera de ser portugués es no serlo, o simplemente ser otro. Paradojas que las dos Maratones nos han permitido disfrutar, desde la más exquisita y discreta disimulación.

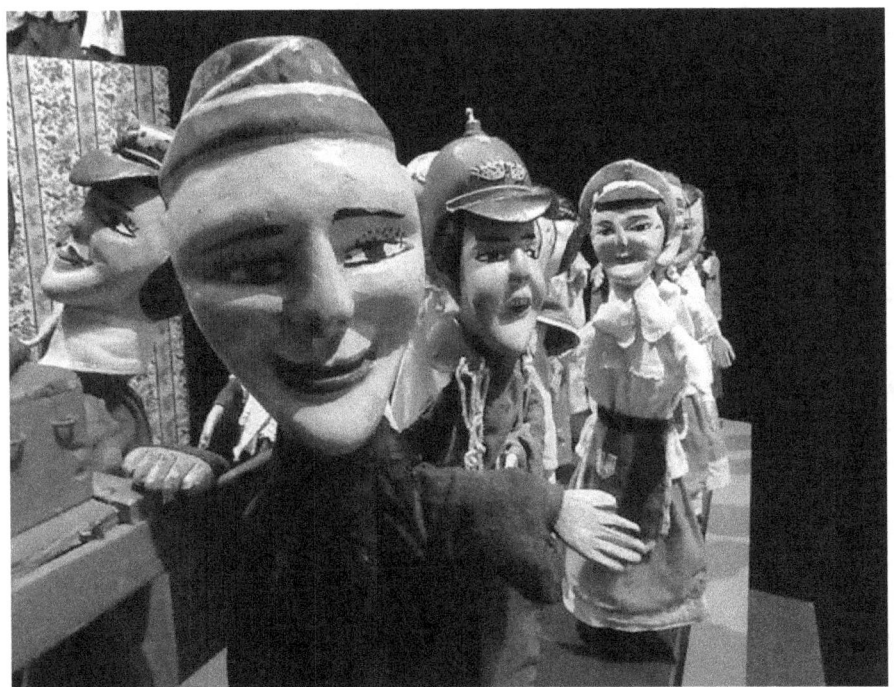

Robertos de Manuel Rosado. Procesión de Semana Santa.
Exposición Rotas de Polichinelo. Museu da Marioneta de Lisboa. Foto T.R.

ONCE DOM ROBERTOS Y UN MAMULENGO.

Los once *bonecreiros* tuvieron la gran virtud de mostrar una realidad rica, llena de vitalidad y con un futuro por delante magnífico. Creo que ello es innegable, ante la exhibición vitalista de la que fuimos afortunados testigos. Cada caso es un mundo, y cada uno de ellos abre hacia direcciones distintas, todas ellas llenas de posibilidades.

Podríamos empezar por Vítor Costa, considerado como el único que procede por línea directa de un linaje titiritero: su padre fue el mestre João Santa-Bárbara y de él heredó el oficio y los títeres. Provisto de un estilo rudo y eficaz, Vítor Santa-Bárbara denota un profundo conocimiento del arte popular de los títeres: sutileza, mimo y hasta delicadeza en las escenas de charla o presentación del conflicto, y feroz resolución expeditiva a la hora de repartir leña. La cachiporra no es para lucirse en virtuosismos de técnica manipuladora, sino que sirve para resolver con rapidez el conflicto planteado. Estilo antiguo y popular, profundamente feroz y arquetípico. Pura síntesis del arrebato cachiporrero.

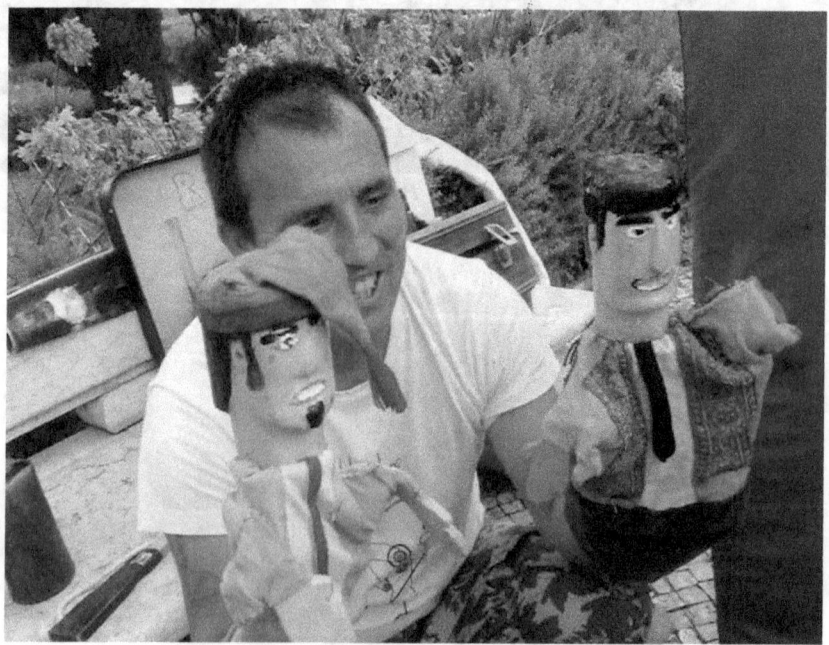

Vítor Santa-Bárbara con dos de sus Robertos.

Francisco Armando Gonzálvez da Mota, de Porto, bebió de las fuentes directas de Domingos Mora, uno de los últimos *palhetas* (los que hablan con lengüeta) al viejo estilo, compañero de António Dias, con quién, según dicen, se repartieron algunas zonas del país. Mota conoció al ilustre titiritero y recibió el legado del maestro: su conocimiento y todos sus títeres.

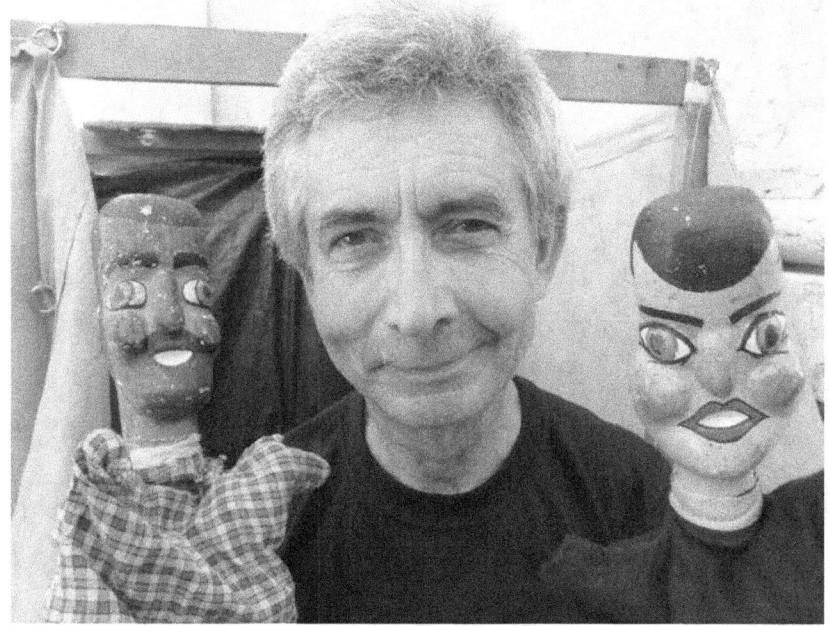

Francisco Mota con dos de sus Robertos. Foto T.R.

Desde entonces, el empeño de Mota ha sido poner en pie el estilo y las obras de Domingos Mora, con la intención de aportar líneas distintas de tratar con los Robertos. Caras de rasgos duros, muy alejados del estilo sintético de Cardoso, Gil o de los mismos Bonecos de Santo Aleixo, que participan también de este principio de simplicidad.

Las caras de Domingos Mora son trágicas y algo patibularias en algunos casos. Denotan un expresionismo popular de tipos duros y fronterizos, un mundo de emigración y de contrabando entre las líneas que separan Portugal de Galicia y de León. Personajes de geografías rudas como pueden serlo Tras-os-Montes o las Hurdes extremeñas en el lado español.

También el retablo de Francisco Mota parece buscar esta rudeza de carácter: aún más simple que el de los demás *roberteiros*. Marrón, como hecho de tela de saco, e inclinado a un lado, como si estuviera herido por un costado. Todo muy acorde con el carácter trágico de los rostros de Mora.

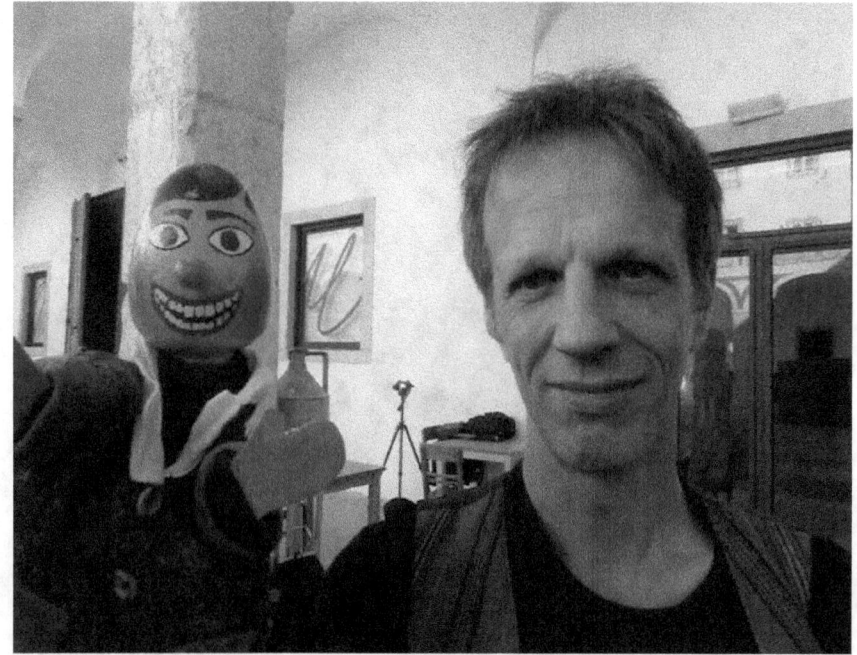

Raul Constante Pereira con su Dom Roberto. Foto T.R.

Raul Constante Pereira es otro de los veteranos titiriteros, creador de la conocida compañía Límite Zero con una larga carrera de espectáculos en los que suele combinar distintos lenguajes escénicos. En ambas *maratonas* desplegó sus robertos con un gran dominio de la tradición. También de Porto, aprendió la técnica del Dom Roberto con João Paulo Seara Cardoso y se lanzó al ruedo titiritero en 1986. Como peculiaridad, el deleite que regaló al público con un baile de dos marionetas *à la planchette*, esta técnica ancestral que encontramos en los viejos grabados europeos y también en muchos países africanos.

Elegante y competente, sus rutinas se concentraron en las dos obras más conocidas del repertorio: *el Barbero* y *la Tourada*. En la primera de las maratones, en el Chiado, aguantó con admirable temple el paso de un grupo de Hare Krishna y de una banda musical de barrio. Tanto aquí como en Belém entró a matar en su *tourada* con gran conocimiento del oficio, cosechando los merecidos aplausos.

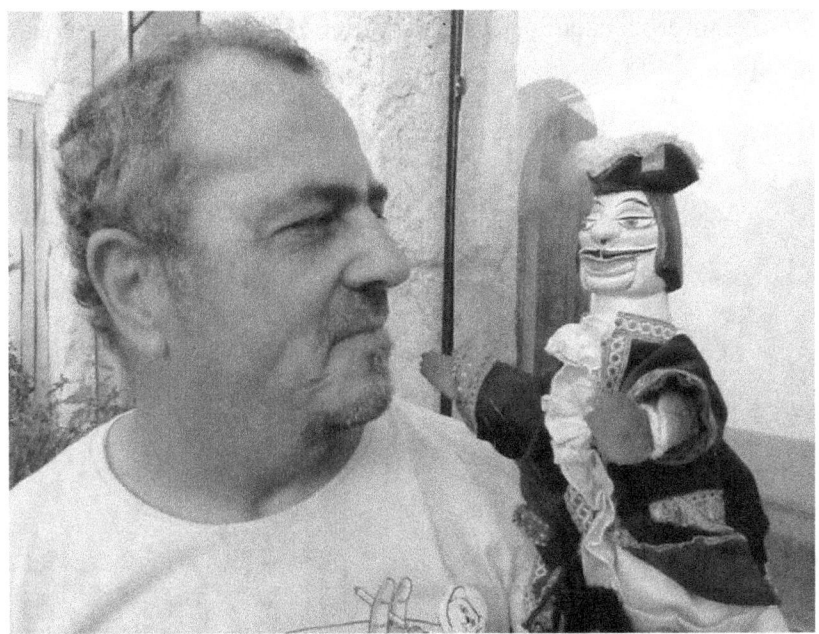
Manuel Costa Dias con uno de sus robertos.

Manuel Costa Dias, de la compañía Trulé, es uno de los titiriteros más veteranos y respetados de Portugal, pues desde el año 1975 se dedica a este oficio. Fue en 1987, según nos indica el libro Teatro Dom Roberto, de José Gil publicado por el Museu da Marioneta, cuando empezó con el Don Roberto. Y aunque aprendió con António Dias y con Cardoso, sus títeres tienen un estilo propio, de alguien que gusta deleitarse con la talla y también con las historias.

Manuel Costa impregna su manipulación de un tono especial que combina ingenuidad y poesía, siempre buscando la inspiración del momento, abierto al diálogo con lo desconocido que cualquier marioneta encarna. Es este tono de sutileza gestual lo que hace tan atractivos sus espectáculos, y que realza igualmente la manipulación de los robertos, aun en las escenas más clásicas y conocidas.

En el Chiado, presentó una obra con una gran marioneta que recordaba la cara de Salazar, imagen de la Dictadura, con la Libertad, un títere de bonita cara, sujeta en la cintura del manipulador. Obra política, en ella Dom Roberto tiene que liberar a la prisionera, no después de enfrentarse a las distintas autoridades y otros *demonios*.

En Belém representó su *Tourada*, con elegantes y hermosos títeres, como el torero a caballo, de noble porte, o los dos forcados, encargados de sujetar al toro.

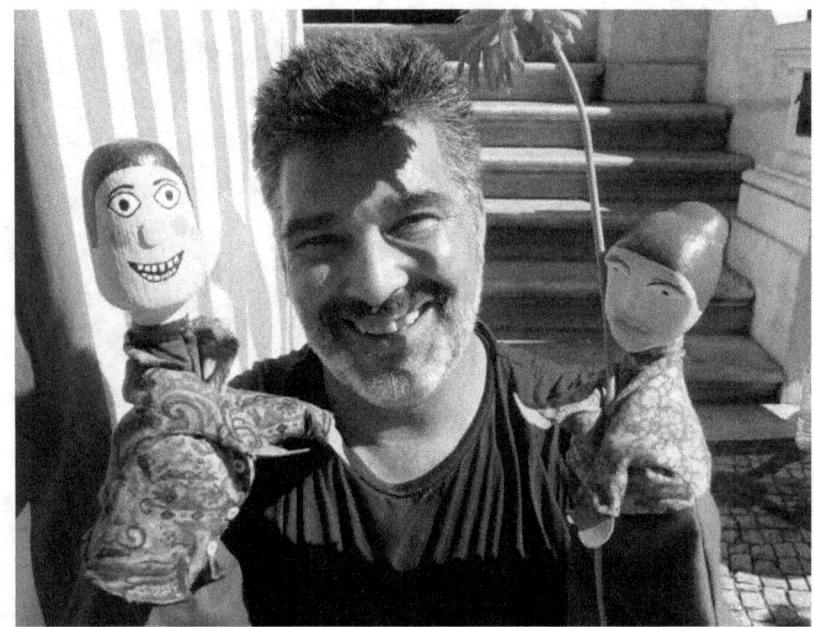

Jorge Soares, con dos de sus Robertos. Foto T.R.

Jorge Soares, de Faro, tras trabajar varios años con una compañía de teatro del Algarve, aprendió los Robertos con Manuel Costa Dias, debutando en 1995.

En las *maratonas*, representó la obra *Roberto e a Namorada*, con títeres que muestran un acusado estilo personal en su diseño. Enérgico y musical –introduce elementos de percusión en la obra– encandiló al público con sus personajes y un dulce final feliz.

José Gil, de la compañía S.A. Marionetas, de Alcobaça, considerado un autodidacta formado a través del repertorio del maestro António Dias –a quien conoció cuando era niño –, es sin duda uno de los *roberteiros* más activos del momento. Ha presentado sus espectáculos por todo el mundo y empieza a ser conocido en los círculos europeos que practican las artes tradicionales de Polichinela. Como antes se ha indicado, es el autor de un exhaustivo libro sobre el Teatro Dom Roberto, en el que además de presentar la tradición portuguesa, nos introduce a los distintos titiriteros que lo practican en estos momentos.

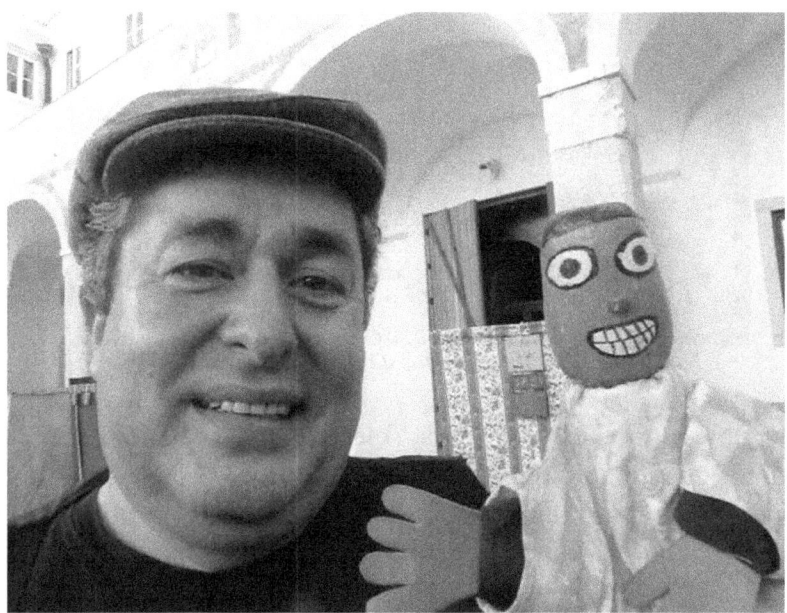

José Gil con su Dom Roberto. Foto T.R.

En el Chiado presentó *O Castelo dos Fantasmas*, un clásico del Dom Roberto –lo vi varias veces interpretado por Cardoso–, con un dominio encomiable de la técnica, buscando la rapidez en el juego casi de comedia de enredo y que requiere ritmos frenéticos.

Aún más interesante fue la obra presentada en Belém, *Rosa e os Tres Namorados*, (que nunca había visto), con situaciones de enredo muy logradas, y también dotada de un ritmo vertiginoso.

Nuno Correia Pinto, de la compañía Chão de Oliva, de Sintra, es el único de los *robeiteros* que no utiliza la *palheta*. La razón es que posee una voz magnífica que le permite lograr los mismos efectos sin necesidad de prótesis alguna. Un consejo que por lo visto recibió de Cardoso, según me contó él mismo. Hizo su primera representación de Robertos en 1999 y mostró un gran dominio técnico.

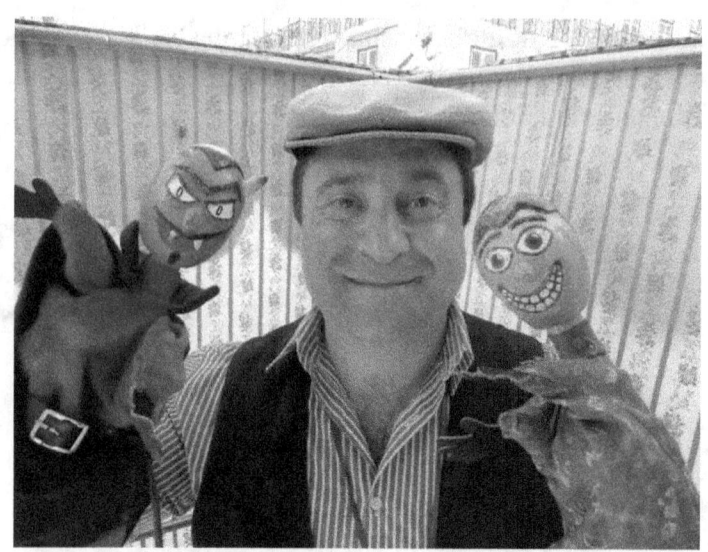
Nuno Correia Pinto con dos de sus Robertos. Foto T.R.

Representó el *Barbero* y la *Tourada*, controlando al público en todo momento. Como diría Iñaki Juárez, del grupo Arbolé de Zaragoza, utilizando términos taurinos, *paró, templó y mandó*. Y el público lo premió con sus aplausos.

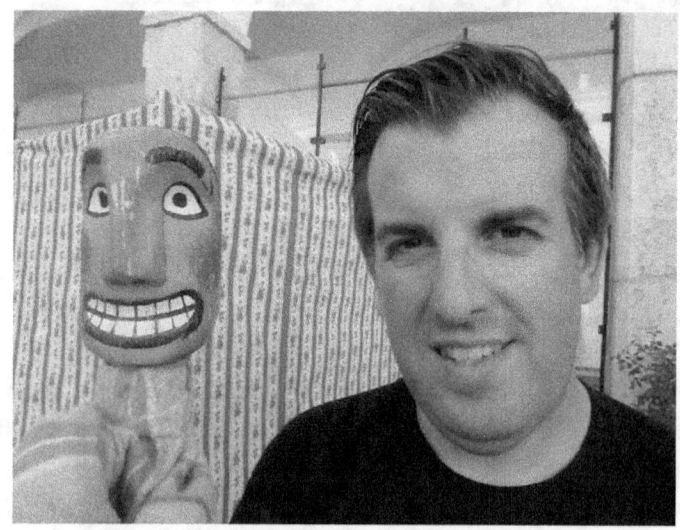
Rui Sosa con uno de sus robertos. Foto T.R.

Rui Sousa, de Porto, creador de la compañía Marionetas da Feira, aprendió con José Gil y tomó la alternativa con los Robertos en el año

2010. Ha buscado diferenciar sus títeres mediante caras de rasgos acentuados y, a modo de singularidad, tiene como personaje al único torero negro de la historia de los toros portugueses, llamado Chibanga.

Rui Sosa demostró un buen dominio de la técnica, así como una gran claridad conceptual en su trabajo, clave para conectar bien con el público.

Y nos acercamos ya a los más jóvenes *bonecreiros* que hace poco tomaron la alternativa: Sara Henriques, Joao Costa y Sérgio Rolo.

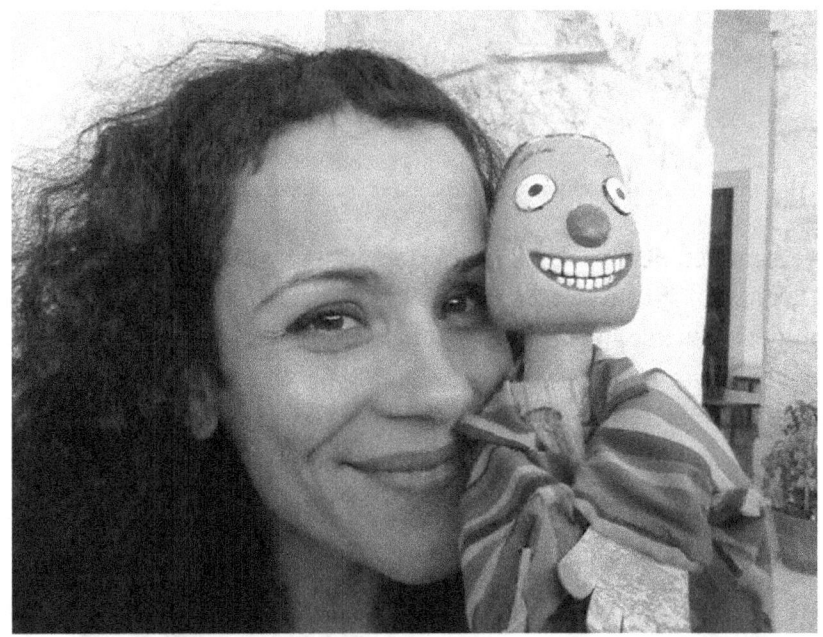

Sara Henriques, con su Dom Roberto.

Sara Henriques, de Porto, trabajó como actriz manipuladora en la compañía Marionetas de Porto que dirigió João Paulo Seara Cardoso. Fue tras su muerte cuando Sara, animada por sus compañeros y por la misma compañera de Cardoso, decidió seguir el legado de quién fue su maestro y lanzarse al ruedo con los Robertos. Vi su debut en el Jardim da Estrela (Lisboa), en el FIMFA de 2012, con títeres fabricados por Rui Pedro Rodrigues.

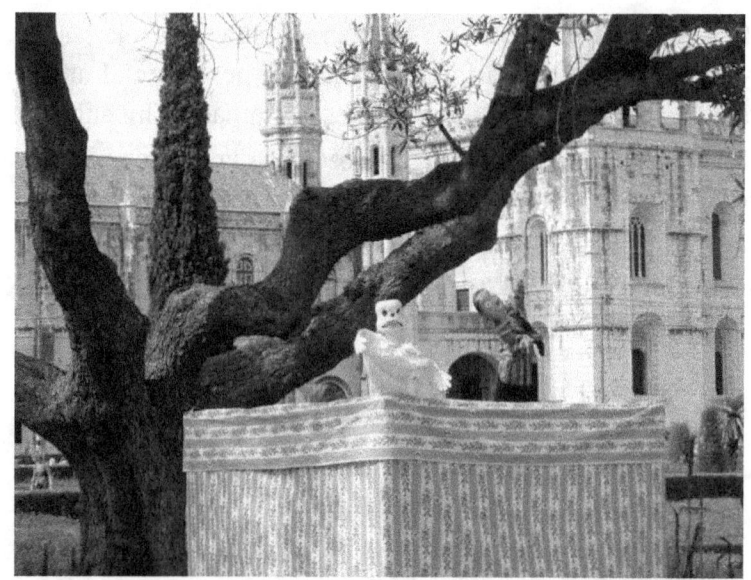
Robertos de Sara Henriques, con Os Jerónimos al fondo. Foto de T.R.

Tanto en el Chiado como en Belém demostró poseer una manipulación cuidada, sutil e inteligente, con interrogantes intercalados que parecen querer abrirse hacia futuras soluciones y perspectivas. Su traslado inminente a Montemor-o-Novo para trabajar con el equipo de Alma d'Arame, hace entrever cambios próximos y avances futuros.

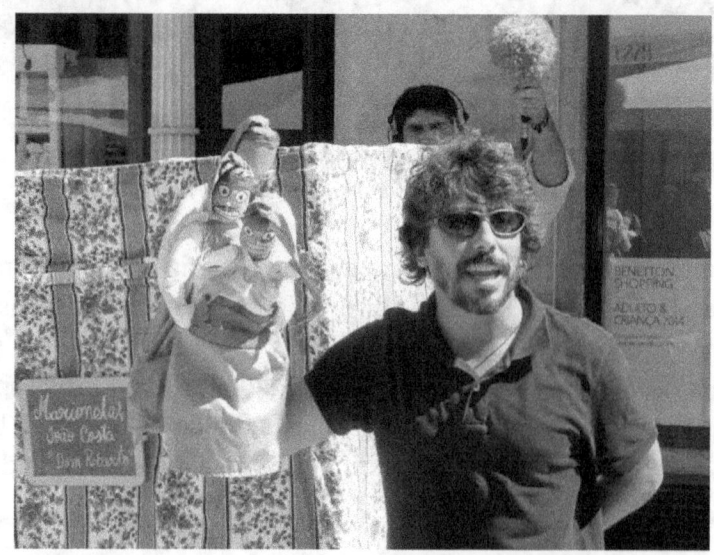
Joao Costa con sus tres 'forcados'. Foto T.R.

João Costa, de Oerias, residente hoy en Lagos, en el sur de Portugal, aprendió la técnica de los Robertos con José Gil para debutar en 2010. Con estudios de Bellas Artes y una decidida vocación titiritera, Costa está avanzando a pasos agigantados por las difíciles vías de la manipulación. Me encantó la *Tourada* que hizo en el Chiado, llena de sutilezas a pesar del entorno poco favorable para ellas, así como el *Barbero* que presentó en Belém. A destacar, el títere con tres forcados juntos, uno de los cuales estira la cabeza.

Sus cualidades son evidentes y el mimo tenaz que pone en su labor de aprendizaje le hace presagiar un gran futuro.

Sérgio Rolo, de Lisboa, aprendió con José Gil y debutó en 2013. Vive hoy en Macao, China, donde se está abriendo camino como titiritero. Curioso pensar en un Dom Roberto desarrollándose en el contexto chino actual, tan rico en novedades, pero en el que perduran las más arcaicas tradiciones titiriteras. Sin duda la juventud y las ganas de Rolo serán determinantes a la hora de dejarse estimular por la cultura china, afín de dar nuevos contornos a sus robertos y que sean capaces de sorprendernos. Desde mi punto de vista, esto sería muy deseable.

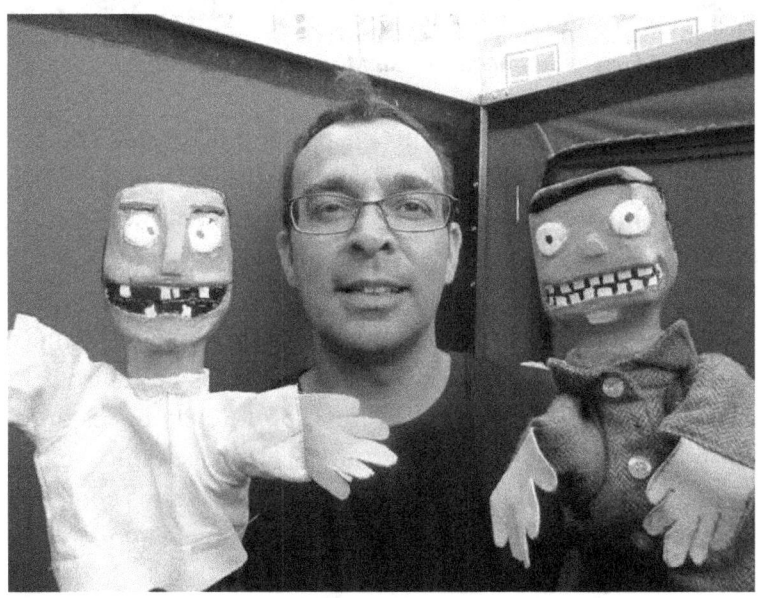

Sérgio Rolo, con dos de sus robertos. Foto T.R.

Para acabar esta reseña, citamos al Mamulengo de Marcelo Lafontana, del que ya hablé en su día en Titeresante cuando lo vi actuar en Pola de Siero, Asturias.

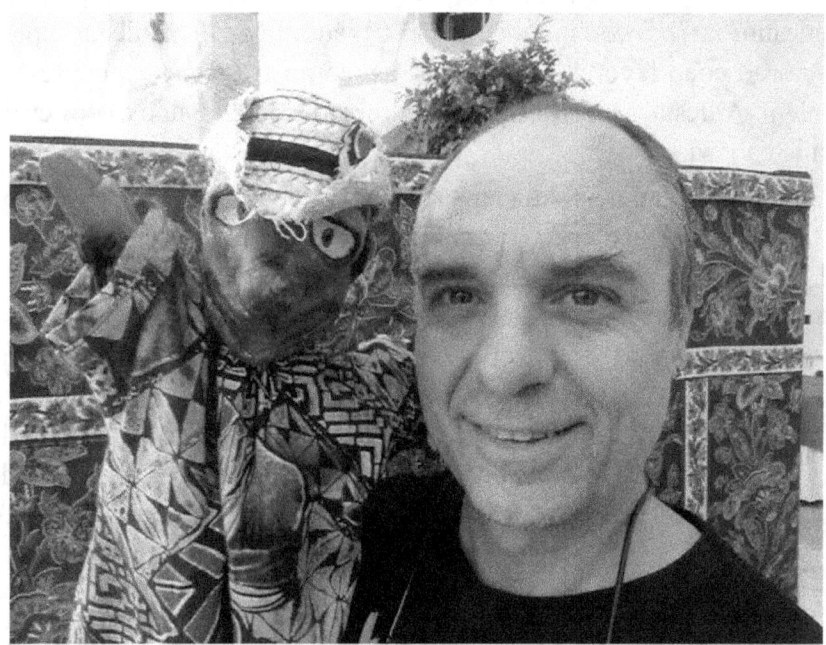

Marcelo Lafontana con su Mamulengo. Foto T.R.

En Belén actuó lógicamente en portugués, lo que me permitió apreciar la dimensión del espectáculo en un entorno en el que Lafontana se siente más cómodo y seguro. Todo en conjunto confirma sus grandes dotes titiriteras, con una gran capacidad de improvisación, algo fundamental para los *mamulengueiros*.

Como decíamos al principio, la situación del Teatro Dom Roberto no puede ser más óptima y cargada de posibilidades de futuro. El hecho de que muchos de los titiriteros sean jóvenes y lleven pocos años en el oficio, permite presagiar una gran abertura de técnicas, estilos, repertorios y desarrollo de la tradición, de modo que tanto los robertos como los Dom Robertos sean cada día más unos seres inmersos en el siglo XXI.

Como siempre han dicho los verdaderos maestros de todas las artes de la Tradición, lo mejor que puede hacer el aprendiz es traicionar al Maestro. No digo matarlo, como defendía Freud en relación al padre, pero al menos sí atreverse a traicionarlo. Sólo entonces, tras recorrer los muchos caminos de la innovación, el practicante neófito, ya viejo, regresa al punto de partida, y la Tradición, no en sus detalles, caídos estos por el camino, sino en su esencia, así es finalmente asimilada y comprendida.

(Artículo publicado en Titeresante el 9 de julio de 2014).

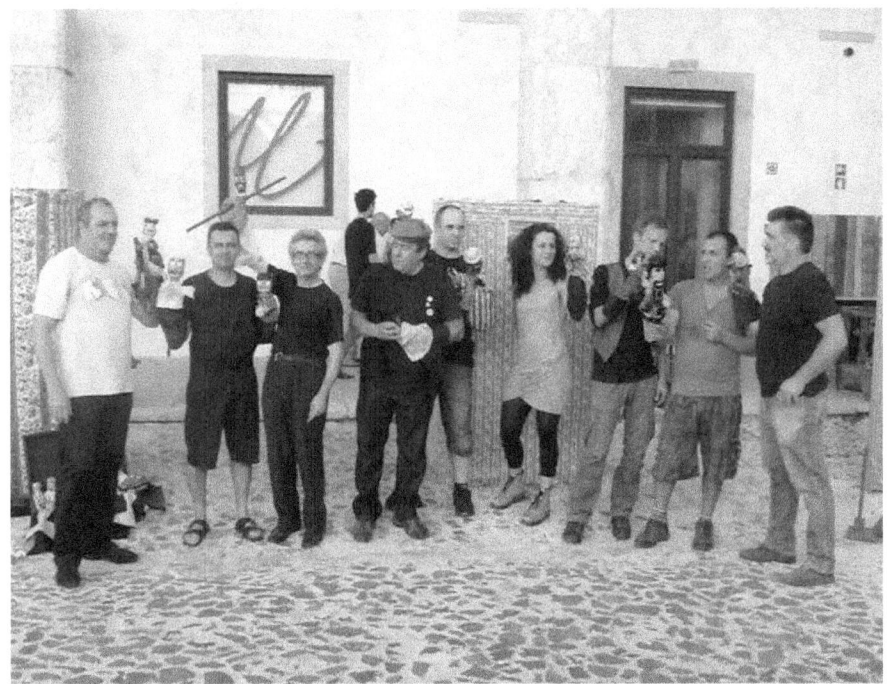

De izquierda a derecha, los bonecreiros de robertos Manuel Costa Dias, Sérgio Rolo, Francisco Mota, José Gil, Marcelo Lafontana, Sara Henriques, Raul Constante Pereira, Vitor Santa-Bárbara y Jorge Soares. Faltan en la foto Nuno Correia Pinto, Rui Sosa y Joao Costa. Claustro del Convento das Bernardas. Museu da Marioneta de Lisboa. Foto T.R.

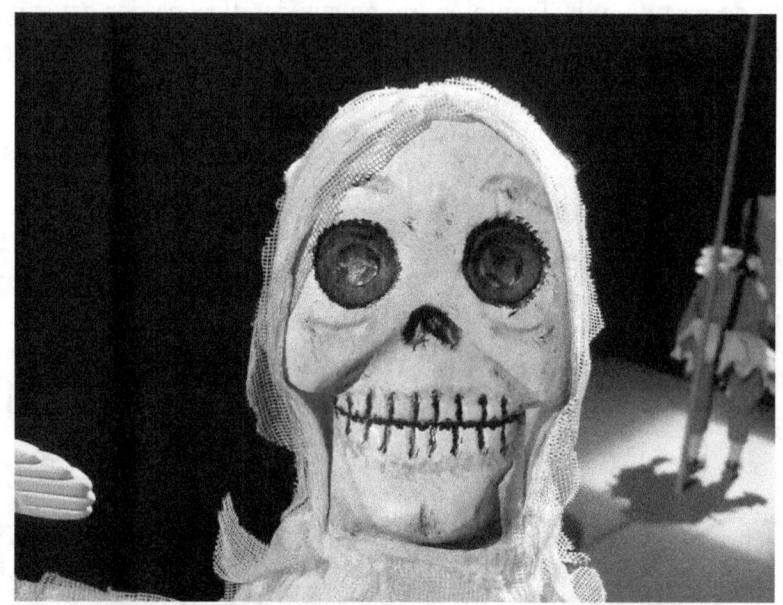

La Muerte, personaje de Punch and Judy. Exposición Rutas de Polichinela. Museo del TOPIC de Tolosa. Foto T.R.

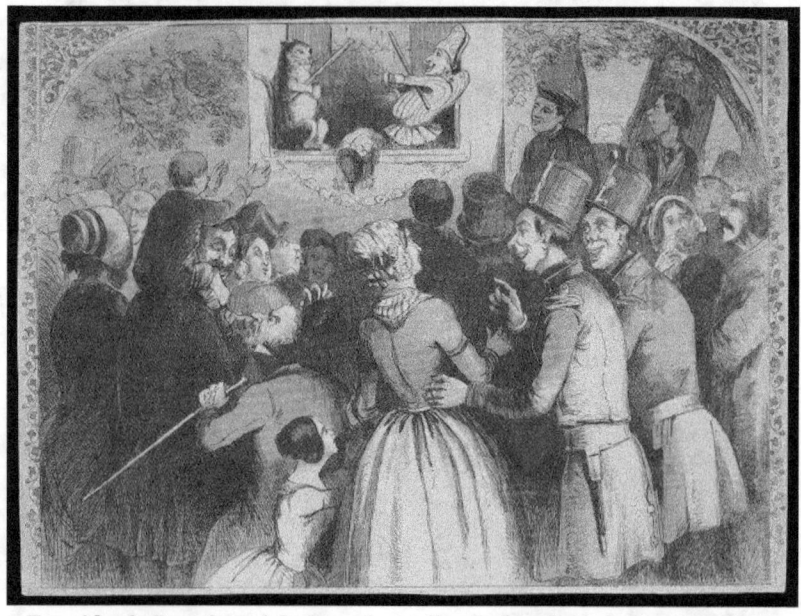

Función de Punch and Judy en las calles de Londres, época victoriana.

PUNCH AND JUDY

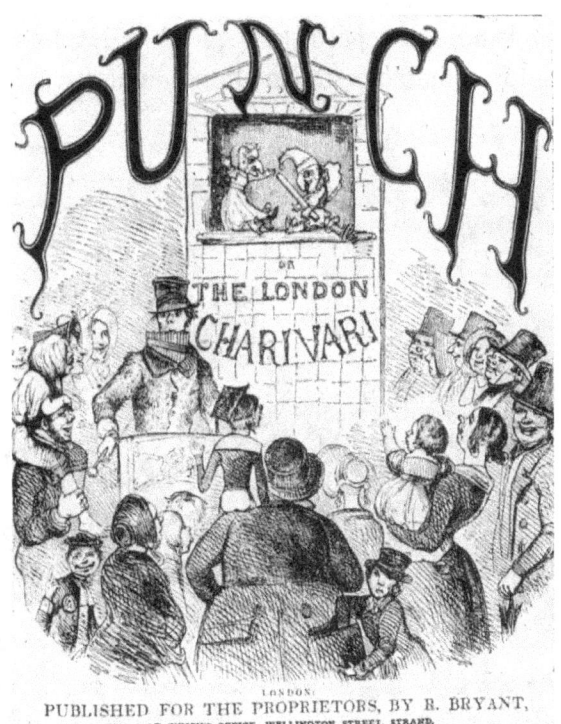

***Revista Punch, fundada en Londres el 17 de julio de 1841
por Henry Mayhew y el grabador Ebenezer Landells.***

Punch, el polichinela inglés que suele citarse en compañía de su mujer Judy, con la denominación de Teatro Punch and Judy, es sin duda una de las tradiciones más sólidas y practicadas de las que existen en Europa y quizás en el mundo entero. Hay que tener en cuenta que Punch hoy está presente no solo en Gran Bretaña sino también en Estados Unidos, Australia y Sudáfrica, incluso en Japón existe un titiritero que lo practica.

Una fama lo persigue: su mala reputación de personaje pendenciero, chillón, egoísta, violento, capaz de pegar no solo a quien se le enfrenta, sino también a su mujer y de lanzar a su *baby* por la ventana.

La verdad, no sé si aguantaría un examen del *Me Too*. Pero, ¿es realmente Punch tan malvado? En realidad, su conducta es muy parecida a la que tenían, en los tiempos álgidos, sus compañeros de gremio oriundos de otros países: Polichinelle en Francia, Tchanchès en Liège, Jan Klassen en Amsterdam, Mester Jakel en Copenhague, Kasperl en el mundo germano, Petrushka en Rusia o el mismo Don Cristóbal Polichinela en España, todos ellos bien armados con sus cachiporras y tanto o más expeditivos a la hora de repartir leña que el inglés. En todos ellos, las salvajadas más impresentables estaban al orden del día.

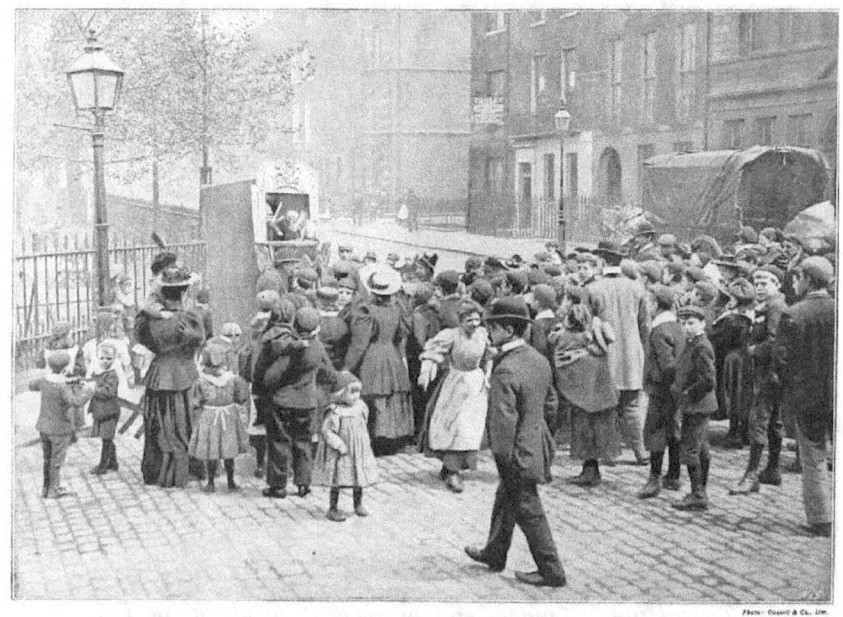

Representación de Punch and Judy en una calle de Londres.
1897-99. Foto Wikipedia.

¿Qué es pues lo que lo distingue? A diferencia de sus hermanos y primos europeos que a lo largo del siglo XX fueron plegando velas, adecuándose a los nuevos ideales de acomodo y moral burguesa de la Europa salida de las dos guerras o, dicho en otras palabras, edulcorándose hasta casi desaparecer del mapa, Punch se ha mantenido impertérrito en sus trece: intacto en sus clásicas incorrecciones y sus características tradicionales, que los Professors, con desmedido orgullo, han defendido a capa y espada.

Es sin duda la firmeza de los Professors of Punch and Judy lo que explica la fuerza actual del personaje. Y es que la identificación que los títeres populares nacidos en el siglo XIX tuvieron con sus respectivas naciones, en el caso de Punch se ha mantenido más o menos igual a lo largo de las décadas. Lo vemos en sus propios retablos, en los que no es extraño ver la Union Jack estampada en lugar prominente, o en el mismo sombrero del Professor, como se ve en algunas de las viejas —y actuales— estampas. Para constatarlo, vale la pena echar un vistazo en Youtube a las imágenes del gran Big Grin que se celebró en mayo de 2012 alrededor de Covent Garden para celebrar el 350 aniversario de Punch, allí donde una placa indica el lugar en el que Samuel Pepys reseñó por primera vez la existencia del personaje, concretamente el día 9 de mayo de 1662.

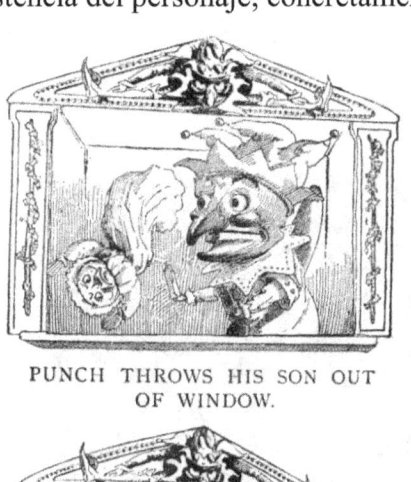

PUNCH THROWS HIS SON OUT OF WINDOW.

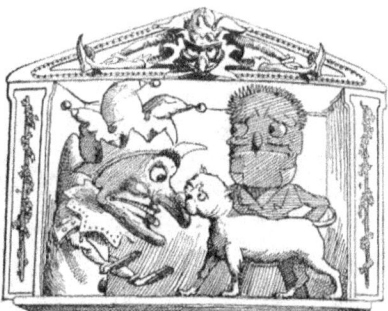

TOBY SHOWS HIS AFFECTION FOR PUNCH.

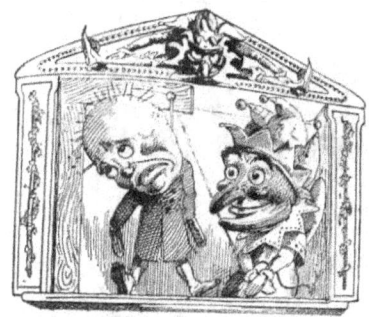

PUNCH PROFITS BY THE INSTRUCTIONS HE HAS RECEIVED, AND HANGS THE HANGMAN.

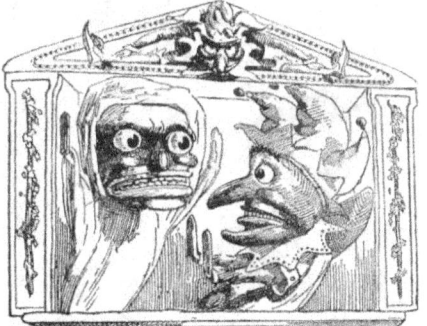

PUNCH IS FRIGHTENED.

Cuatro ilustraciones del libro "The Wonderful Drama of Punch and Judy and their Little Dog Toby As Performed to Overflowing Balconies at the Corner of the Street", with illustrations by "The Owl". Archivos del V&A Museum. Fotos de T.R.

No es una exageración: cuando en el año 2006 el Gobierno Británico determinó los cien iconos que mejor representan las esencias de "lo inglés", el Punch and Judy ocupó un privilegiado segundo puesto.

Pero mantener la integridad del Punch and Judy no ha sido un camino de rosas. En absoluto. Los esforzados titiriteros que lo han manejado durante sus más de tres siglos de existencia han tenido que librar duras batallas contra quienes querían borrarlo del mapa, escandalizados estos por lo que consideraban extravagantes fechorías poco edificantes para los niños. Una lucha que empezó ya en el siglo XVIII, cuando Punch fue utilizado por los autores para dar salida a sus burlas y sátiras contra el poder, y demonizado por ello. Más tarde, durante la época victoriana, fue atacado por razones de sentimentalismo moralista —como no podía ser de otro modo—, pero encontró siempre poderosos defensores. El caso más notorio es el de Charles Dickens (1812-1870), quien llegó a publicar la siguiente defensa del personaje:

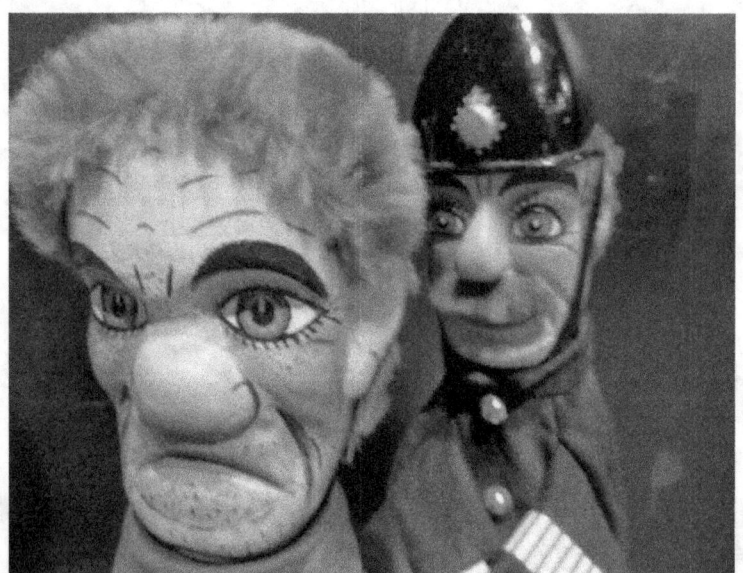

The Hangman y el Bobby, personajes del Punch and Judy. Exposición Rutas de Polichinela. Museo del TOPIC de Tolosa. Foto T.R.

"En mi opinión, el Punch que se ve en la calle es una de esas exageradas extravagancias de las realidades de la vida que perdería su capacidad de enganche con la gente si se intentase convertirlo en moralista e instructivo. Considero su influencia perfectamente inocua, como una

especie de broma desvergonzada que nadie en este mundo consideraría como un incentivo hacia cualquier tipo de acción o como modelo para cualquier clase de comportamiento. Es posible, pienso, que la fuente secreta de placer generalmente producida por este espectáculo sea la satisfacción que el espectador siente al ver a unos remedos de hombres y mujeres recibir tantos palos sin sentir por ello ninguna pena ni sufrimiento..."
(The Letters of Charles Dickens, Vol V, 1847 – 1849)

Tengo que decir que mi relación con Punch viene de lejos, desde que vi una memorable función de John Styles en el Teatre Malic en noviembre de 1984, una de las primeras representaciones que se hicieron en nuestro pequeño teatro de Barcelona. Conocí luego a Martin Bridle, a quien me une una larga amistad. Con él aprendí a usar la lengüeta durante una gira por España en la que tuve la ocasión de conocer muy íntimamente el lenguaje de los títeres populares. El Punch de Martin Bridle es uno de los más musicales que he visto, con un ritmo impecable en la manipulación que armoniza muy bien con el sonido de la armónica y de la lengüeta.

Más tarde, han sido otros los Punch que he visto, desde el de mi buen amigo Konrad Fredericks, con quien compartí programa en el Festival de Lahore en Pakistán. El famosísimo Percy Press, que solía actuar en el Covent Garden; Dan Bishop, con quien coincidí en Tenerife y volví a ver hace poco en su última función antes de jubilarse en el Parque de las Marionetas de Zaragoza, o el Punch irlandés de Ronan Tully, instalado ahora en Cataluña. Igualmente debo mencionar al desaparecido y buen amigo Rod Burnett, que tanto actuó en España y que empezó su andadura titiritera junto a su amigo Martin Bridle. En junio de 2018, también conocí en el Festival de Ovar a Clive Chandler, uno de los Professors más sólidos de los últimos tiempos.

Vamos a reproducir en este cuaderno algunos de los textos publicados sobre distintas actuaciones de Punch and Judy, concretamente de Rod Burnett, Martin Bridle, Ronan Tully y Clive Chandler.

El Punch de Rod Burnett

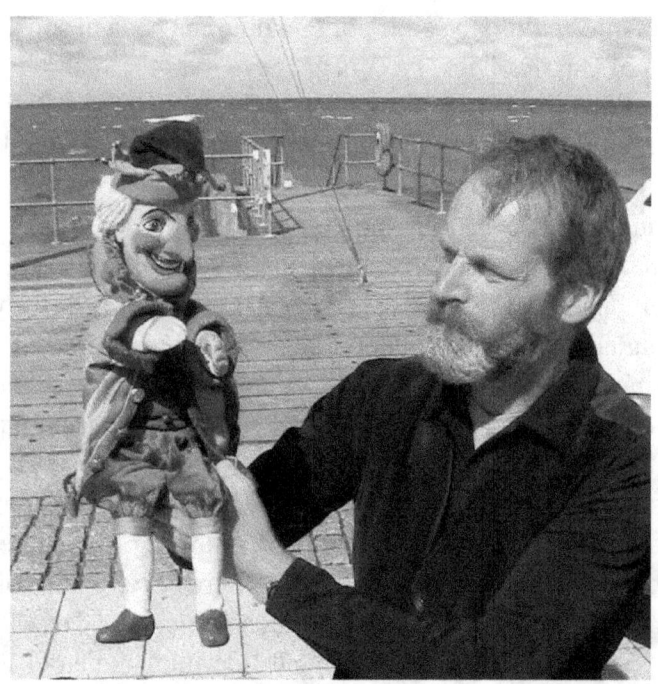

Rod Burnett.
Foto College of the Professors of Punch and Judy.

He visto a Rod Burnett en múltiples ocasiones y en muy diferentes contextos, y siempre se ha distinguido por salir airoso y triunfante de los públicos más variados. Gozaba de un aplomo y de un *savoir faire* exquisito, capaz de percibir las ondas del público, con el que intentaba siempre congraciarse ya antes de que empezara la función. Sabía de inmediato si tenía que lidiar con intransigentes pacifistas enemigos de la cachiporra, para los que tenía las palabras justas y mil trucos enternecedores. No se desviaba de la ortodoxia titiritera del espectáculo, por la que el *baby* no podía esquivar la máquina de hacer salchichas, pero al acabar la función, ya tenía preparada su resurrección, con una reprimenda contundente pero cariñosa al papi Punch, ese viejo anarco-conservador impresentable..

Cuando actuaba ante públicos numerosos, como algunas veces lo vi en las plazas de Segovia, sabía cómo crecerse y llenar todo el espacio, e imponerse a los ruidos ambientales. Cuando lo hacía en lugares íntimos, como en el Rinconcillo de Cristobica, en Granada, o en el teatrillo La Puntual, de Barcelona, donde solía recalar una o dos veces al año, Rod Burnett conseguía mitigar su extraordinaria energía y matizar el sonido de la lengüeta sin ofender los oídos del respetable.

Citaré aquí las palabras que publiqué el 11 de mayo de 2011 en el blog Rutas de Polichinela, en una crónica sobre el Rinconcillo de Cristobica, festival que se celebra en Valderrubio (Granada):

"Finalmente, el Professor Rod Burnett nos deleitó con un espectáculo de Punch and Judy de impecable factura como suele ser habitual en su trabajo. Voces exquisitas, bromas a la española (lleva años adaptando los gags y las palabras al público español), una dulcificación no carente del necesario salvajismo en el tratamiento acanallado del protagonista, un uso moderado de la cachiporra y de la máquina de hacer salchichas, y una manipulación precisa bien dotada de rigor británico. Su teatrillo, plantado en el escenario como si se encontrara en plena playa de Brighton, lució sus colores blanquirrojos, así como la acostumbrada iconografía popular del más puro estilo Punch. Un clásico siempre puesto al día".

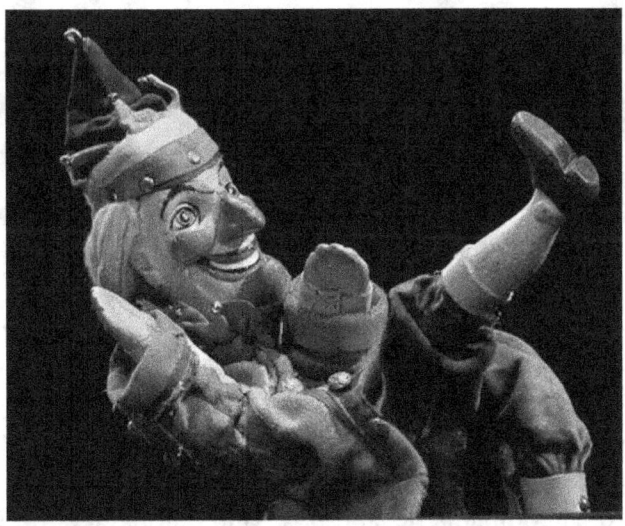

El Punch de Rod Burnett. Foto Rod Burnett.

Martin Bridle

Aunque el primer Punch que pude ver fue el de John Styles, en el Teatre Malic en noviembre de 1984, quien me inició en las artes de la lengüeta y del títere popular fue Martin Bridle, durante una gira que efectuamos los dos por toda España en 1986.

Reproducimos aquí el artículo escrito en Titeresante a raíz de su actuación en el Museu da Marioneta de Lisboa, en julio de 2014:

Punch en el Convento das Bernardas

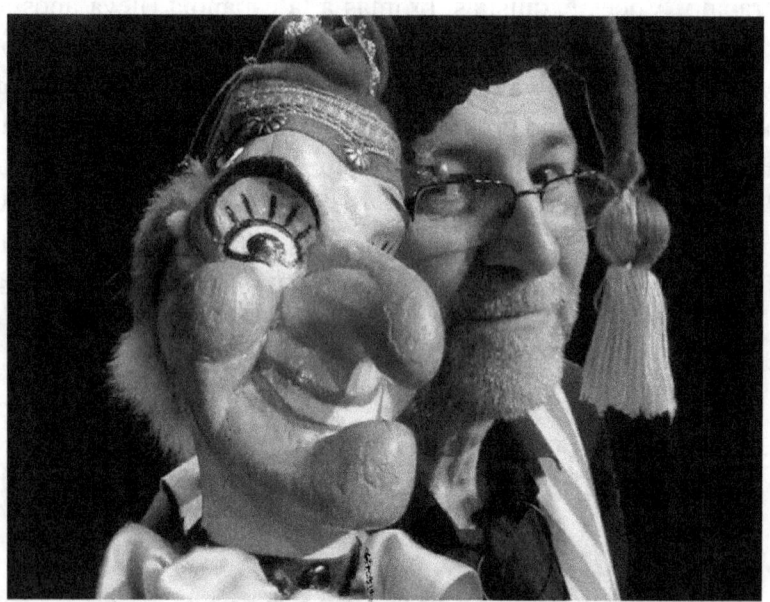

Punch y Martin Bridle. Foto T.R.

La exposición Rotas de Polichinelo que se exhibe estos meses en el Museu da Marioneta de Lisboa ha cobrado vida, durante el fin de semana pasado, a través de uno de sus personajes más irredentos y de personalidad más acusada: el Punch inglés que llegó de la mano de Martin Bridle, considerado como uno de los Professors of Punch and Judy más reputados. Lo hizo en compañía de su esposa Sue Eaton, en el rol tradicional en este tipo de espectáculos de mediar entre los títeres y el público, a la vez que acompañó la acción con la música de un banjo y una pandereta.

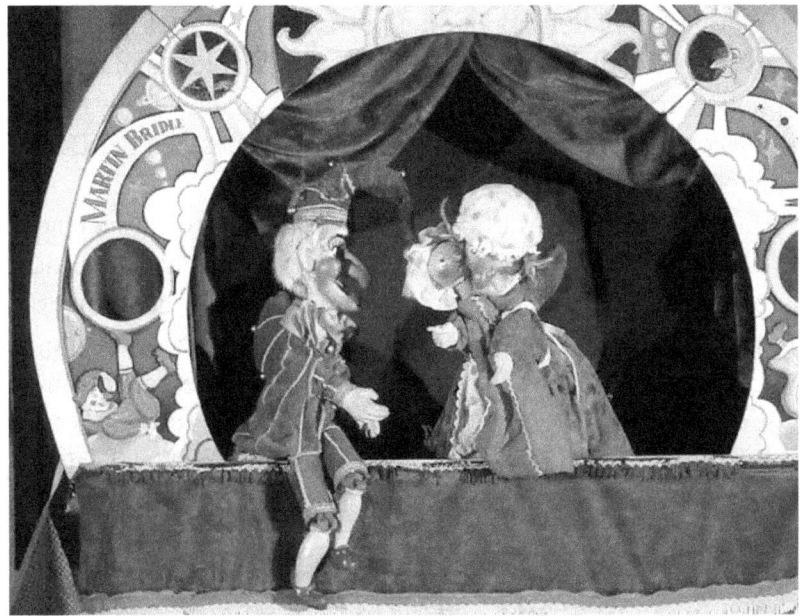

Punch, Judy y el Baby. Foto T.R.

El Punch de Martin Bridle es fresco, auténtico, refinado y muy divertido. Destaca por la finura de su manipulación, que se deleita especialmente en el ritmo y la musicalidad del espectáculo. Quizás sea ésta la característica que mejor define el arte de Bridle: su dominio musical de la manipulación. Y mientras unos ejercen este dominio con el uso coreográfico de los títeres, que a su vez son tratados como si fueran verdaderos instrumentos de percusión, (tal vez quienes más destacan en esta vertiente sean los *guaratelle* napolitanos, de los que la semana anterior pudimos admirar el virtuosismo de Luca Ronga), el inglés lo hizo con el uso simultáneo de la armónica, la lengüeta, un silbato de los que se usaban en el cine mudo y un pequeño bombo que toca con el pie. Martin Bridle, dentro de su retablo, actúa como un verdadero hombre orquesta, pues cada gesto y cada movimiento de sus títeres está punteado por su sonido correspondiente, mientras el acompañamiento exterior de Sue Eaton acentúa todavía más el elemento musical.

En su espectáculo, Bridle huye de la redundancia de gags y las escenas se suceden con cadencia justa y medida. Se inicia con la figura del perro Toby y con los típicos personajes (no siempre utilizados por todos los Professors), del mono y del payaso Joey, muy logrado este último. Los juegos de palabras de los dos perros al inicio son una delicia, que el público de Lisboa, entendido en idiomas, siguió a la perfección. Y tras los clásicos números iniciales, surge Judy y la escena del Baby, uno de los platos fuertes del Punch tradicional.

Hay que decir que Martin Bridle no se regodea en la violencia que a veces caracteriza a este personaje, y por la que ha sido tan criticado e incluso perseguido durante sus más de trescientos años de existencia. Su Punch es amable, aunque sin llegar a edulcorarse en exceso, de modo que en ningún momento pierde sus trazos duros. Cuando se trata de pasar por la máquina trituradora a los que se le encaran, sus dudas son más fingidas que reales, pues a la de tres ya los ha convertido en salchichas que tienen los colores de los vestidos de sus víctimas.

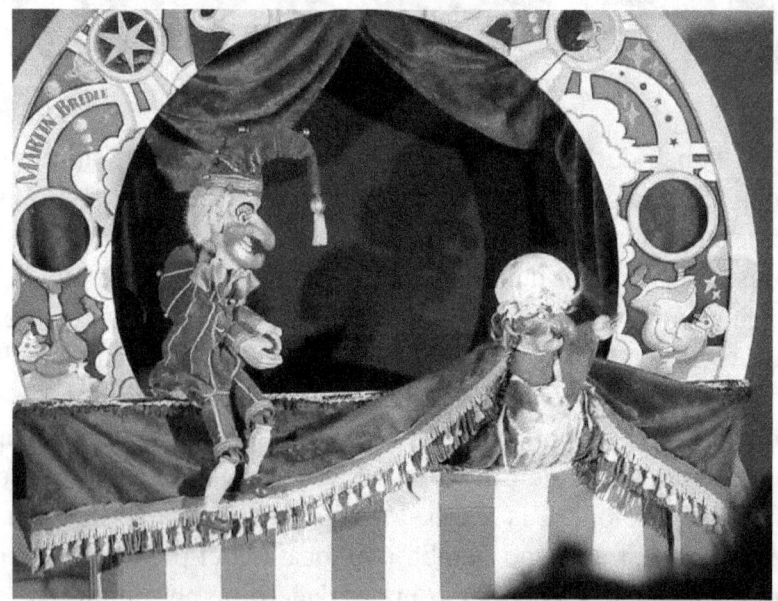

Punch y su mujer Judy, de Martin Bridle. Convento das Bernardas. Foto T.R.

Ver el colorido retablo de Punch en el Claustro del Convento das Bernardas de Lisboa, donde se encuentra el Museu da Marioneta, fue una verdadera delicia. El primer día, la lluvia sorprendió al público cinco minutos antes de empezar, lo que obligó a trasladarnos bajo los arcos del claustro, aumentando así tanto la intimidad como la intensidad del espectáculo.

El segundo día, San Pedro cerró bien sus grifos, y gracias a ello, el público, cuyo número requirió añadidos de sillas y bancos, pudo desplegarse por el centro del claustro, admirando tanto la función y al irredento Punch, como los propios perfiles del claustro, de una belleza profunda y de contenida austeridad.

El Punch and Judy irlandés de Ronan Tully

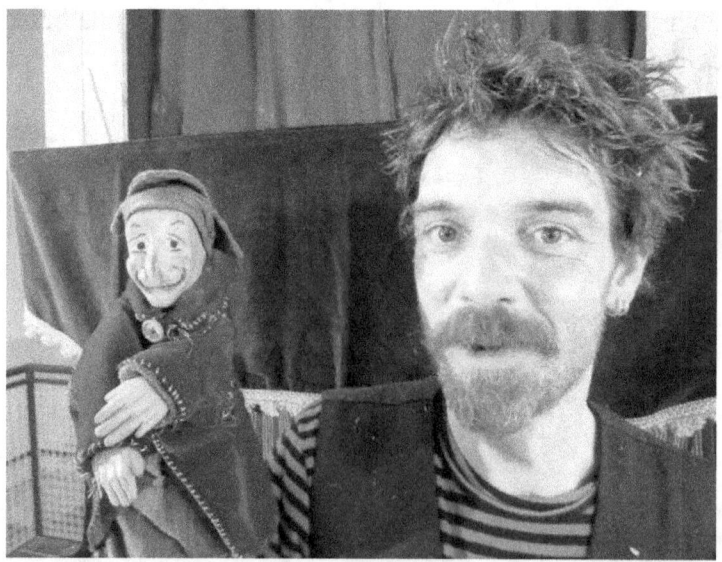

Ronan Tully con su Punch. Foto T.R.

Hacía tiempo que tenía ganas de ver el Punch de este titiritero irlandés instalado en Girona, que pertenece a una familia de tres generaciones de titiriteros de Dublín y del que me habían hablado muy bien (lean a continuación la entrevista que le hice a Ronan Tully a raíz de su actuación en La Casa-Taller de Marionetas de Pepe Otal). Fue el único espectáculo que pude ver del Festival MITMO de Mollet del Vallès, y ciertamente salí muy satisfecho del mismo. Ha sido un verdadero placer asistir a esta representación llena de sabiduría, de ingenio y de una gran voluntad del solista titiritero de dar el máximo de sí y de su conocimiento del oficio.

En efecto, se puede decir que Ronan Tully se ha enfrentado al Punch and Judy con ganas de tocar todos sus registros, jugando con una buena diversidad de escenas y sacando jugo a los personajes más emblemáticos de la tradición: el perro, la mujer, el *baby*, el policía (multiplicado por seis), el fantasma, el diablo, la Pretty Poly y un segundo bebé que tiene la fortuna de no ser despachado al otro barrio como le pasa al primero. Había un personaje nuevo que nunca había visto en Punch, Scaramouche, procedente de la Comedia del Arte de origen francés, que aquí sale como comparsa y víctima de Punch. Sin duda un personaje arcaico, que los Punch de Londres un día perdieron. Aparecen también el verdugo y la horca, con el final canónico en el que la muerte es una vez más burlada. Y, por supuesto, el obligado Cocodrilo.

El público agradeció esta voluntad del titiritero de ofrecer el repertorio entero de su Punch —que difiere en varios aspectos del inglés: títeres más pequeños, manipulación más rítmica, no aparece la máquina de hacer salchichas, entre los más aparentes—.

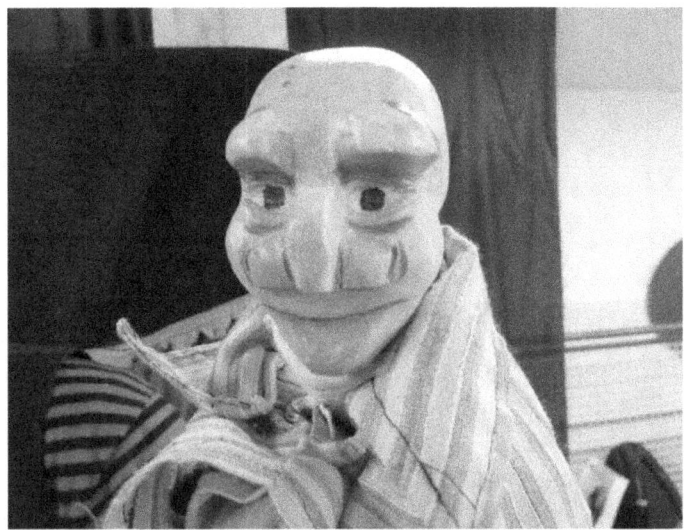

Escaramouche, de Ronan Tully

También ha sido un acierto trabajar con un excelente violinista que toca piezas de música popular irlandesa junto al retablo, punteando la acción y acompañando los bailes y las peripecias coreográficas de los títeres. Esto le da una gran vivacidad a la obra y permite este diálogo siempre tan rico y lleno de posibilidades entre el titiritero y su ayudante músico situado fuera, entre el público y los títeres.

Creo que podemos afirmar que nos encontramos ante un gran Professor of Punch and Judy, con mucha cuerda por delante para que el joven Ronan Tully extraiga todo el jugo que sin duda se esconde detrás del personaje, de la tradición y de su propia inventiva. Que lo tengamos además en nuestro país es no sólo un honor sino una gran suerte y un motivo de enorme satisfacción.

(Artículo publicado en Putxinel·li el 7 de abril de 2013).

Entrevista a Ronan Tully

Ya hemos dicho en otras ocasiones que el mundo del Punch está en auge. Cada día son más los Professors que ejercen el Punch y Judy, como la celebración del último Big Grin ha demostrado, y la salud de nuestro héroe británico es más buena que nunca. Pero lo curioso es que también aquí en Barcelona tengamos a un Professor, llegado de Dublín. Se llama Ronan Tully y recientemente actuó en la Casa-Taller de Marionetas de Pepe Otal. Su espectáculo deslumbró al público, que lo gozó y aplaudió con ganas. Además, el fotógrafo Jesús Atienza estuvo presente con su cámara en la sala. Hemos pensado que era una ocasión perfecta para entrevistar a Ronan, mostrar algunas de las imágenes de Jesús y presentarlo así a los lectores de Titeresante.

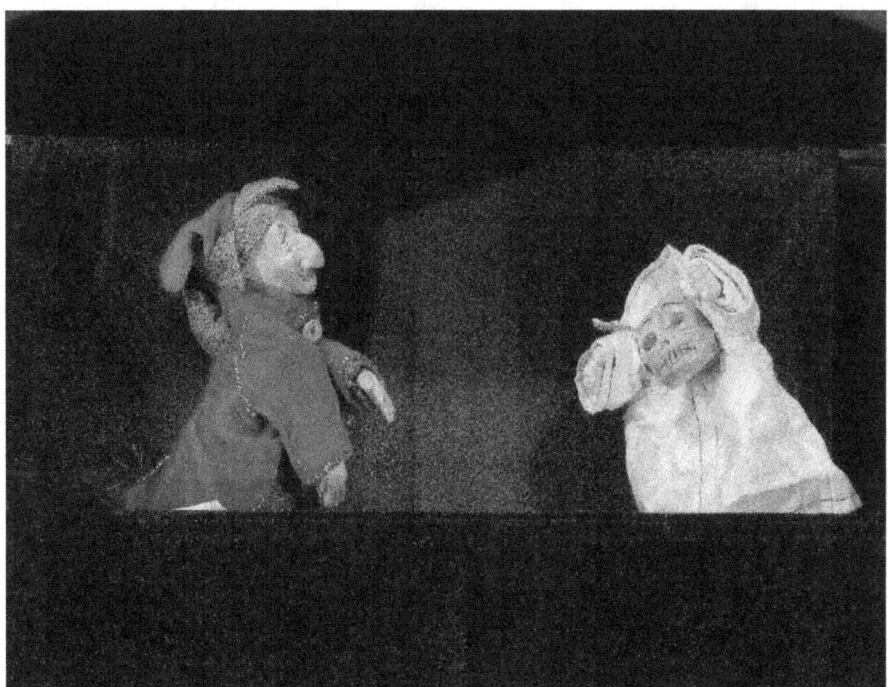

El Punch de Ronan Tully. Foto de Jesús Atienza.

— Ronan, sabemos que provienes de un linaje de titiriteros irlandeses, ¿podrías explicarnos cuáles son exactamente tus orígenes como titiritero?

—Sí, soy un titiritero de tercera generación, que empezó a actuar cuando tenía 6 años. Mi abuelo también comenzó de niño, procedía de un pequeño pueblo de la costa atlántica de Irlanda y aprendió la ventriloquía de los libros. En la década de 1950 actuó regularmente en el Cabaret y en las salas de música, tocando con artistas como "Bill Haley y los Cometas" y "Laurel and Hardy". Tuvo diez hijos y trabajó con la familia en tres programas de televisión consecutivos con títeres en Irlanda desde 1963 hasta 1995. Mi familia construyó y fundó el único teatro de títeres existente en Irlanda en 1970, hoy aún en activo. Aunque Irlanda dispone de una historia muy antigua y muy digna en teatro de marionetas, cuando mi abuelo comenzó había prácticamente desaparecido.

Mi abuelo era una persona muy trabajadora, en la década de 1960 actuaba día y noche para niños y adultos por igual, a veces hasta tres diferentes representaciones al día. Punch and Judy, marionetas de hilo y ventriloquia, así como el trabajo de la televisión.

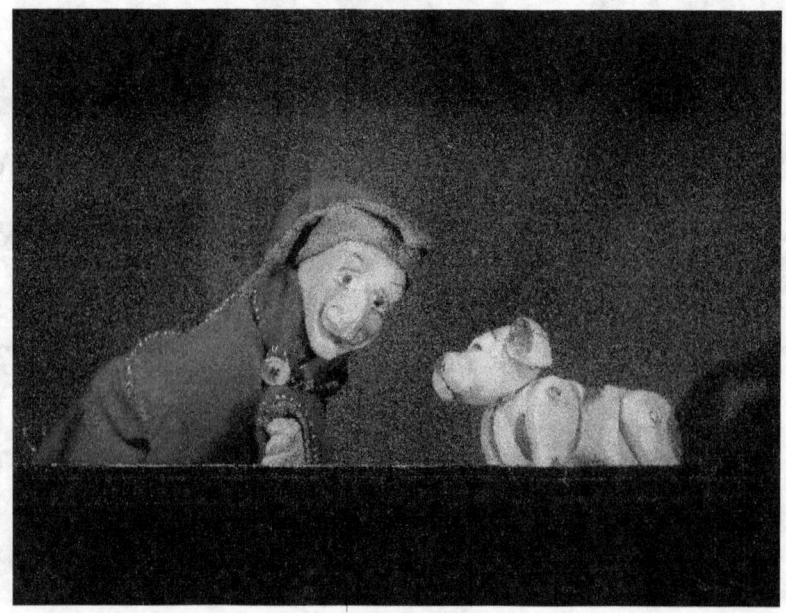

Foto de Jesús Atienza.

—¿Qué puedes decirnos sobre el Punch and Judy en Irlanda?

—Aunque los titiriteros irlandeses tuvieron un papel decisivo en el desarrollo del Punch y Judy en el siglo XVII, con la reconocida figura del Titiritero Martin Powell de Dublín, quien abrió un famoso teatro satírico de Punch & Judy en Londres en 1710, en la época de mis abuelos había desaparecido en Irlanda. Mi abuelo compró su primer lote de títeres de Punch and Judy a un mago retirado, eran marionetas inglesas muy al estilo tradicional, actuó al principio en fiestas de cumpleaños mientras trabajaba en el cabaret por la noche.

Ahora, en Irlanda hay realmente sólo dos titiriteros "profesionales" de Punch and Judy: mi tío Conor Lambert, y yo (¡y yo vivo en Catalunya ahora!). Soy el único que utiliza el tradicional *swazzle* (la lengüeta). Hay algunos magos que actúan para niños que también hacen el Punch y Judy para fiestas de cumpleaños, pero no los veo realmente como títeres profesionales, utilizados sólo para llenar el tiempo y sin ninguna habilidad especial y arte alguno en su ejecución.

—¿Cuál es la diferencia entre el Punch británico y el irlandés?

—Los irlandeses y los ingleses tienen personalidades muy distintas, creo que esa es la principal diferencia, y aunque mi tío y yo nos diferenciamos bastante en nuestro proceder, ambos tenemos un mismo sentido del humor, oscuro y satírico, muy irlandés. Hablamos con el público de un modo diferente, también los titiriteros irlandeses no nos sentimos atados a las "reglas tradicionales" del Punch y Judy, lo que nos libera para hacer lo que queremos con él. Nunca llamaría a un artista irlandés "professor" como hacen en el Reino Unido.

Mi show es también diferente en el ritmo a la tradición británica, utilizo la música irlandesa (normalmente un músico en vivo), lo que cambia mucho la dinámica del espectáculo. Mis muñecos tienen un diseño diferente al de los británicos, no por tratarse de algo irlandés, sino por mi propia elección de crear muñecos más pequeños para conseguir un mejor movimiento y una mayor agilidad.

En Gran Bretaña a lo largo de los siglos, el Punch and Judy ha llegado a convertirse en algo muy descafeinado y "correcto". He rescatado a muchos viejos personajes que habían desaparecido y utilizo los primeros guiones de los siglos XVII y XVIII para crear mi propia versión. Además, no rebajo ni censuro el aspecto violento ya que es la tradición real, no es mucho más violento que las caricaturas de Tom y Jerry, sin ir más lejos. Tengo una versión para adultos, que es un poco más fuerte que la versión para público familiar.

—Creo que vives en Barcelona por razones familiares. ¿Existe algún otro motivo por el que te interesa esta ciudad en concreto?

—Vivo en Barcelona con mi pareja catalana Helena de Sola, que también es titiritera, tenemos un espectáculo más grande que es un circo, junto con un músico irlandés (Malachy Bourke), que he construido durante los últimos dos años aquí en un taller colectivo en el barrio del Poble Nou. Es un arduo trabajo que ha culminado en una carpa de circo para 25 personas, forrado de terciopelo al estilo del siglo XIX. El espectáculo es sobre una familia disfuncional de titiriteros (algo de lo que tengo mucha experiencia). La carpa está hecha totalmente con materiales tradicionales y se tarda un día para montarla en cada lugar. Lo estrenamos el pasado verano en una gira por Irlanda, donde actuamos unas 65 veces. Estaremos actuando en Cataluña a finales de este año.

Desde Titeresante le deseamos a Ronan mucha suerte en su aventura catalana con los títeres.

(Entrevista publicada el 7 de abril de 2013 en Putxinel·li).

El Punch and Judy de Clive Chandler

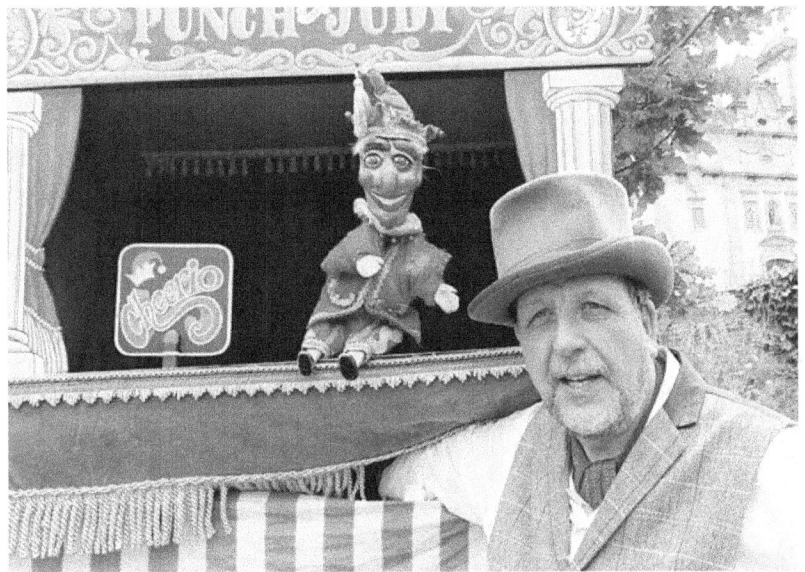
Clive Chandler con Punch, en los jardines de Ovar. Foto T.R.

Me faltaba en mi colección particular de espectáculos de Punch and Judy el del reconocido maestro o mejor, Professor of Punch and Judy, Clive Chandler, de Birmingham. Un vacío que el festival FIMO de Ovar, en Portugal, me permitió llenar, bien instalado con otros afortunados espectadores titiriteros en la terraza del bar del Parque Urbano, desde donde gozamos de la representación.

Un verdadero lujo fue el que nos regaló el titiritero británico al ofrecernos la representación en un ambiente muy parecido al de las playas y los parques donde se prodiga el inclasificable personaje en Gran Bretaña. Lo que permitió a Clive desplegar los entremeses con los que suele llamar y recibir al público: una marioneta de hilo con el tradicional personaje del perro, la clásica campana para llamar la atención del respetable, algunos pequeños juegos de malabarismo, de magia y de entretenimiento con globos. Siempre con la participación activa de niños y padres sosteniendo ora un globo, ora unos alambres para los platos chinos.

Preparativos que moldearon al público al gusto del titiritero con la maestría de quién tiene lustros de experiencia. Hasta que empezó la función. Hay que explicar aquí algunas de las características técnicas de Chandler: una boca de escenario pequeña apta para no más de dos o tres personajes, un telón que tapa la cara del manipulador y que por lo tanto permite visualizar bien los muñecos y el público a través de la tela separadora (por lo visto, una modalidad muy seguida actualmente, como nos contó Clive, usada también por Martin Bridle), y unos títeres clásicos y grandotes, preciosas tallas de madera al viejo estilo victoriano.

Apareció Punch con su voz chillona modulada por la lengüeta, acompañado de una hermosa y no menos grandota Judy cuyo vozarrón grave llegó a espantar más, si cabe, que el de su marido. Le gusta a Chandler utilizar pocos títeres, para poder así divertirse con los equívocos y los juegos de palabras, en un inglés básico que tanto los niños como los adultos captamos sin problema alguno. Y, por supuesto, el Baby, que en su versión recibe no pocos palos, a pesar de la vigilancia de Judy y las advertencias del público.

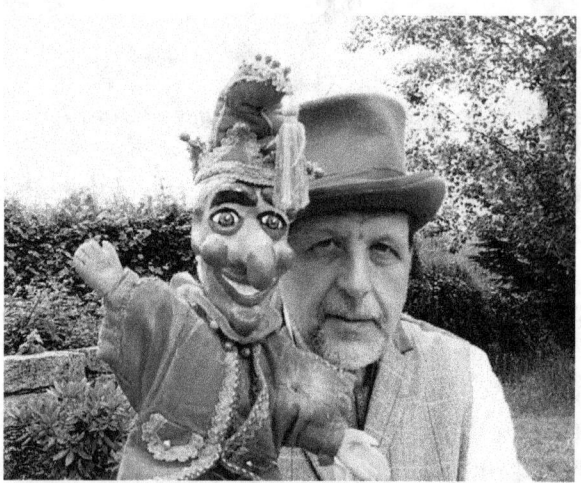

Clive Chandler. Foto T.R.

Tan taimado personaje, a pesar de su granujería, no puede evitar que el *Policeman* lo meta en la cárcel, una reja de madera colgada en su nariz, al estilo del más puro teatro popular de títeres, que con cuatro simples elementos resuelve sus necesidades escenográficas.

Y es el Diablo quién acude a salvar a su amigo Punch, aunque este se lo paga a la clásica manera de la cachiporra.

Prescinde Clive de la Máquina de Hacer Salchichas, del Hangman y de la Muerte, fiel a su deseo de limitar el número de títeres y de centrar la acción en la esencia del personaje. Y, a fe que lo consigue, dejándonos a todos maravillados por el oficio y el buen hacer del Professor, que se ganó con creces en el Parque Urbano de Ovar el derecho a disfrutar tan merecido alto título académico.

Un trabajo, el de Clive Chandler, que podríamos calificar de clásico, aunque abierto a los cambios y a las novedades que al titiritero se le ocurre introducir. La seguridad que denota en la voz y en los juegos de escamoteo y persecución, dan al Punch de Chandler un tono de profunda rotundidad titiritera popular, sin abuso del garrote y con el énfasis puesto en el inocente humor que sabe cautivar a grandes y chicos. El público, entregado, y los demás titiriteros presentes, admirados, premiaron al Professor con cálidos aplausos.

(Texto publicado el 11 de junio de 2018 en Titeresante).

EL PUNCH AND JUDY DE DAN BISHOP

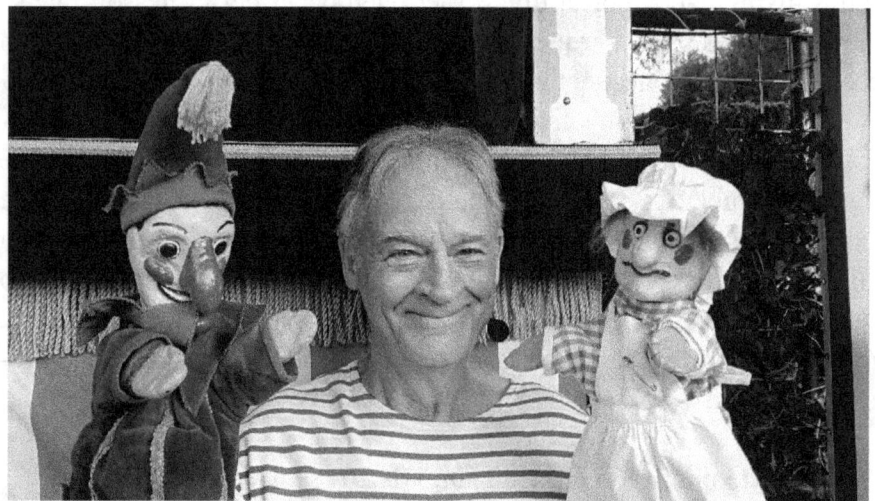

Dan Bishop con Punch y Judy. Parque de las Marionetas, Zaragoza octubre 2019. Foto T.R.

Como bien saben los entendidos espectadores de Zaragoza fieles al Parque de las Marionetas, los titiriteros británicos que practican el Polichinela inglés suelen llamarse a sí mismos Professors of Punch and Judy. Sin los formalismos ampulosos de la Alta Cultura, esta especie de heterodoxa "Academia" titiritera se mueve entre lo casquivano, lo irreverente y la seriedad protocolaria de quienes se sienten muy orgullosos de ser considerados maestros en el arte de los títeres con Punch de protagonista. Pues bien, Dan Bishop es sin duda uno de los Professors of Punch and Judy más reputados, veteranos y refinados de los muchos que están hoy en activo.

Tras empezar en 1976 con Punch, aprendió las bases del oficio actuando durante diez años en las playas del área de West Penwith, en la región de Cornwall, tal como establece la tradición inglesa de los títeres populares, que en verano se los suele encontrar en las playas del país. Sin embargo, no fue hasta 1980 que entró como miembro asociado en el Punch & Judy College of Professors, lo que indica la seriedad de estas afiliaciones protocolarias. Y es a partir de 1989 que Dan Bishop empieza a salir del país para participar en los festivales internacionales del género. Su nombre empieza a sonar en los circuitos y pronto su fama lo afianza como uno de los más refinados maestros polichinescos del Reino Unido.

En el Parque de las Marionetas mostró el dominio que ejerce sobre su arte, con una lengüeta precisa y afinada, y unas rutinas de manipulación que despiertan de inmediato la sabia y correcta respuesta de los espectadores. Destacó por un uso discreto de la megafonía, una de sus obsesiones, pues siempre ha considerado que es mejor llegar al espectador desde la sutileza y el movimiento, que avasallándolo con muchos decibelios. Y hay que decir que a pesar de los ruidos ambientales que a veces configuran el ambiente sonoro del Parque, Bishop supo mantener impertérrita la atención del público.

Con el estilo clásico de un Punch alegre y conciso, el arte de Dan Bishop es de los que busca más un contacto íntimo con el público, que la extroversión chillona de una lengüeta dominante. Es el estilo tranquilo de un maestro veterano que ya sólo busca el goce del oficio, sin dejarse llevar por necesidades ajenas al arte.

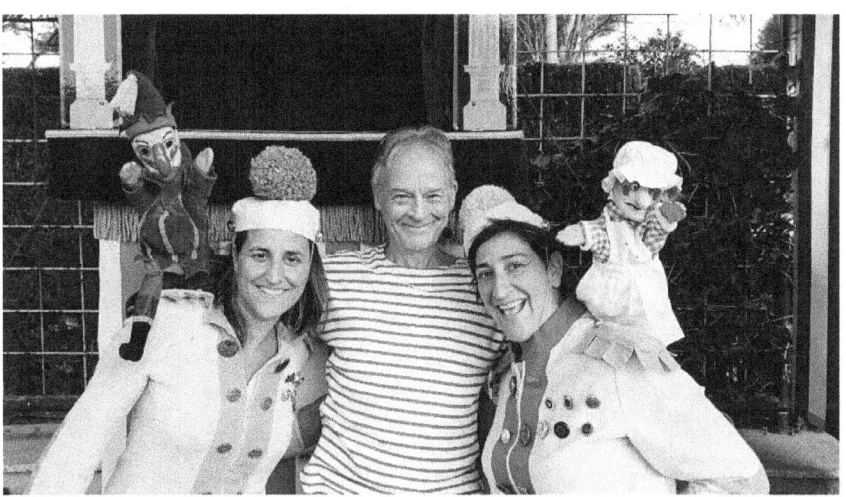

Dan Bishop celebra su última función con las jóvenes titiriteras Marta y Eva Paricio. Parque de las Marionetas, Zaragoza 2019. Foto T.R.

El público del Parque, sabio y entendido, no sabía que las funciones realizadas en Zaragoza han sido las últimas del gran maestro del Punch and Judy: tras varios intentos de dejar las tablas y jubilarse, parece ser que esta vez la decisión es definitiva. Los espectadores sin duda lo intuyeron elípticamente en los movimientos certeros y seguros del manipulador inglés que con estas últimas funciones se despedía para siempre del mundo del espectáculo. Lo premiaron con generosos y cálidos aplausos.

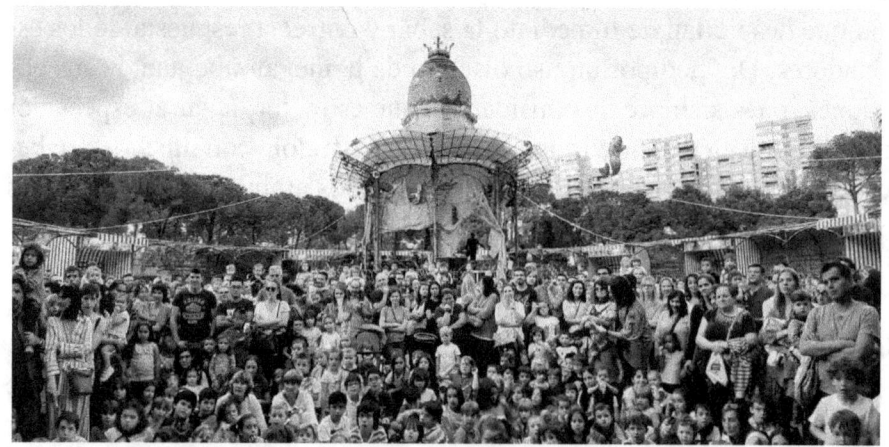

Los espectadores reunidos frente al teatrillo de Dan Bishop en el Parque de las Marionetas. Zaragoza 2019. Foto de Manuel F. Minaya.

Bibliografía

General

AUTORES VARIOS. *Encyplopédie Mondiale des Arts de la Marionnette.* UNIMA - Éditions L'Entretemps. Montpellier. 2009.

BATY, Gaston; CHAVANCE, R. *Histoire des marionnettes*, coll. «Que sais-je?», Presses Universitaires de France. Paris. 1972.

CIPOLLA, Alfonso; MORETTI, Giovanni. Storia delle *Marionette e dei Burattini in Italia.* Titivillus. 2003.

CONTRACTOR, M.R., FERNÁNDEZ, J., KHAZNADAR F. y CH., SIGNORELLI, M., PASQUALINO, A., JURKOWSKI, H., SPEAIGHT,G., FOURNEL, P., VAREY, J.E., TOZER, H.V., DE LARREA, A., RUMBAU, A. *Les Grans Tradicions Populars: Ombres i Titelles.* Monografies de Teatre. Publicacions de l'Institut del Teatre – Edicions 62. Barcelona. 1977.

LEFORT, Stéphanie. Marionnettes: *le corps à l'ouvrage. Culture et imaginaires sociaux.* À la Croisée. Bernin.2007.

MOLINA, Víctor; BAIXAS, Joan; OTROS AUTORES. *Escenes de l'Imaginari.* Festival Internacional de Teatre Visual i de Titelles de Barcelona. XXV aniversari. Institut del Teatre. Barcelona. 1998.

PLASSARD, Didier. *Les Mains de Lumière.* Anthologie des écrits sur l'Art de la Marionnette. Éditions Institut International de la Marionnette. Charleville-Mézières. 1996.

VICTORIA MARTÍNEZ, Yanisbel; OTROS AUTORES. *Títeres. 30 años de Etcétera.* Parque de las Ciencias. Granada. 2012.

SOBRE LOS GUARATELLE Y NÁPOLES

BRAGAGLIA, Anton Giulio. *Pulcinella*. Gherardo Casini Editore. Roma. 1953

CAPORALE, Gaetano. *Piccolo contributo alla ricerca su la Origine e Storia di Pulcinella*. Edizioni La Nuovissima. Acerra. 1978.

D'AMBROSIO, Ariele. *Pulcinella stanco seduto sul marciapiede del mondo*. Gaetano Colonnese Editore. Napoli. 2010.

DE MAIO, Romeo. *Pulcinella. Il filosofo che fu chiamato pazzo*. Sansoni Editore. Firenze. 1989.

ESPOSITO, Tommaso. *Il Museo di Pulcinella*. Centro di Cultura "Acerra Nostra". Acerra. 2007.

LANCASTER, Jordan. *In the Shadow of Vesuvius. A Cultural History of Naples*. Tauris Parke Paperbacks TPP. London. 2009.

PAËRL, Hetty. *Pulcinella*. Apeiron Editore. Roma. 2002.

PIEDIMONTE, Antonio Emanuele. *Napoli Secreta*. Edizioni Intra Moenia. Napoli.

SOBRE DOM ROBERTO Y PORTUGAL

ABELHO, Azinhal. *Teatro Popular Português. Ao Sul do Tejo*. VI Volumen. Editora Pax. Braga. 1973.

BRÉCHON, Robert. *Extraño extranjero. Una biografía de Fernando Pessoa*. Alianza Editorial. Madrid. 1999.

GIL, Vicente. *Teatro de Gil Vicente*. Apresentação e leitura de António José Saraiva. Portugalia Editora. Lisboa. 1968.

PESSOA, Fernando. *Antología Poética. El poeta es un fingidor*. Edición y traducción de Ángel Crespo. Austral Poesía. Madrid. 1982.

RIBEIRO, Rute. *Henrique Delgado. Contributos para a história da marioneta em Portugal*. Museu da Marioneta/EGEAC. Lisboa. 2011.

RUMBAU, Toni. *Malic, la Aventura de los Títeres*. Editorial Arola. Barcelona. 2007.

VARIOS AUTORES. *Museu da Marioneta de Lisboa*. Catálogo de Exposição. Museu da Marioneta/EGEAC. Lisboa. 2005.

VARIOS AUTORES. *Museu da Marioneta. 10 Anos*. Museu da Marioneta/EGEAC. Lisboa. 2011.

ZURBACH, Cristine; FERREIRA, José Alberto; SEIXAS, Paula. *Autos, Passos e Bailinhos. Os Textos dos Bonecos de Santo Aleixo*. Casa do Sul Editora. Évora. 2007.

ZURBACH, Cristine —coordinación varios autores—. *Teatro de marionetas. Tradição e Modernidade*. Casa do Sul Editora. Évora. 2002.

SOBRE EL PUNCH AND JUDY Y LONDRES

ACKROYD, Peter. Albion. *The Origins of the English Imagination*. Vintage Book. London. 2004.

ACKROYD, Peter. *London. The Biography*. Vintage Book. London. 2001.

ACKROYD, Peter. *Dickens. El observador solitario*. Biografía Edhasa. Barcelona. 2011.

LEACH, Robert. *The Punch&Judy Show. History, Tradition and Meaning*. Batsford Academic and Educational. London. 1985.

LUKACHER, Brian. Joseph Gandy. *An Architectural Visionary in Georgian England*. Thames & Hudson.London. 2006.

SPEAIGHT, George. *The History of the English Puppet Theatre*. Robert Hale. London. 1955, 1990.

STEAD, Philip John. *Mr. Punch*. Evan Brothers Limited. London. 1950.

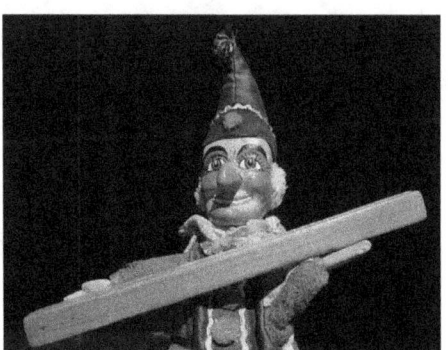

Punch. Exposición Rutas de Polichinela, Museo del TOPIC de Tolosa (2013). Foto T.R.

Acerca de estos Cuadernos

La revista Titeresante, con sus dos portales gemelos Putxinel·li en catalán y Puppetring en inglés, fue creada por Toni Rumbau en el mes de marzo de 2012. Contó al empezar con un amplio equipo de redacción inicialmente compuesto por Adolfo Ayuso, Maryse Badiou, Víctor Molina, Jesús Atienza, Cesc Martínez y Toni Rumbau. Posteriormente, la inclusión de otros muchos colaboradores ha sido una constante de la revista. Desde entonces, Titeresante ha publicado en sus ocho años de existencia más de 1.100 artículos, Putxinel·li unos 770 y Puppetring otros 208 artículos. En total son más de 2.000 los publicados entre los tres portales

Esta frenética actividad ha creado un fondo impresionante de contenidos relacionados con el mundo de las marionetas, del teatro visual y de objetos, y crónicas de los principales festivales del país, de importantes exposiciones, o comentarios y análisis de innumerables espectáculos.

Estos Cuadernos de Titeresante pretenden reunir algunos de estos contenidos agrupándolos en temas que pensamos pueden ser útiles y atractivos para el lector interesado en nuestro arte.

Poco a poco intentaremos recorrer, con las sucesivas ediciones de nuevos Cuadernos de Titeresante, todo el abanico temático que hoy en día abarca el ancho mundo del teatro de títeres, visual y de objetos.

He aquí el orden de aparición de los cuatro primeros Cuadernos de Titeresante dedicados al Teatro Popular de Títeres de Guante:

CUADERNO N.1 – El Teatro Popular de Títeres de Guante
- Introducción
- Los *Guaratelle* (la tradición napolitana)
- Dom Roberto (la tradición portuguesa)
- Punch and Judy (la tradición inglesa)

CUADERNO N.2 – El Teatro Popular de Títeres de Guante
- Guignol (el sustituto de Polichinelle en Francia)

- Kasperl en Alemania
- Jan Klaassen en Holanda
- Kasparec en Chequia
- Vasilache en Rumania

CUADERNO N.3 – El Teatro Popular de Títeres de Guante
- El Teatro Clásico de Marionetas de Italia, con personajes como Fagiolino (Bolonia), Gioppino (Bérgamo), Gianduja (Turín), Meneghino (Milán), entre otros.

CUADERNO N.4 – Formas contemporáneas del Teatro Popular de Títeres de guante:
- Luís Zornoza
- Gigio Brunello
- Paco Paricio
- Eudald Ferré
- La Pendue
- Otros

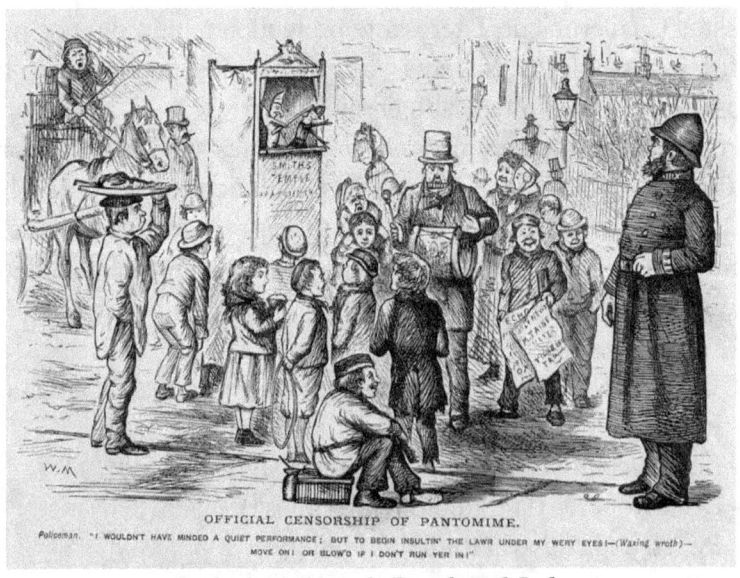

Grabado antiguo de Punch and Judy.
Colección de los Titiriteros de Binéfar.

ACERCA DEL AUTOR

Toni Rumbau, figura poliédrica de la cultura barcelonesa, es titiritero y libretista de ópera, además de autor de varias novelas y ensayos. Como titiritero, ha viajado por todo el mundo con espectáculos solistas como *A Dos Manos* (1987), *El Doble y la Sombra* (1999) o *A Manos Llenas* (2009), obras que le abrieron las puertas de los más importantes festivales del mundo. Ha sido también fundador y director del Teatro Malic de Barcelona, y del Festival de Ópera de Bolsillo y Nuevas Creaciones.

Ha escrito los libretos de ópera *Eurídice y los Títeres de Caronte* (2001) y *Salón de Anubis* (2007), y la cantata *La Asamblea de los Niños* (2005), siempre con música de Joan Albert Amargós y dirección escénica de Luca Valentino. También es autor de varias novelas y ensayos, como *La Catedral de las Ruinas* (2001), *La Colla de la Platja y el Futur de Catalunya* (2005), *Malic, La Aventura de los Títeres* (2007) o *Rutas de Polichinela. Títeres y Ciudades de Europa* (2012), libros publicados todos ellos por Editorial Arola.

En 2012, abre la revista digital www.titeresante.es, con sus dos portales gemelos www.putxinelli.cat en catalán y www.puppetring.com en inglés y francés.

En el año 2015, comisionó la exposición *Figuras del Desdoblamiento* en el Arts Santa Mònica de Barcelona. En 2017 y 2019, coordinó un Estudio sobre el Sector de los Títeres, en Cataluña y en España.

Desde el comienzo del siglo XXI, con la publicación de su novela *La Catedral de las Ruinas*, Toni Rumbau inició nuevas líneas de trabajo centradas en la escritura y en el desarrollo imaginario de nuevos espacios de vivencia y reflexión alrededor de temas como la Muerte, el Doble, el Futuro y la Alteridad, plasmados tanto en sus espectáculos, como en sus publicaciones y en los varios blogs creados por él (El Retablo de Mi Blog, Rutas de Polichinela, El Mosaico Ibérico, El Futuro).

En 2020 abre la nueva línea editorial Thot Arts. *Reunión de Muertos*, novela recién publicada en la Colección Literaria de Thot Arts, recoge los principales temas de su imaginario, con la figura central del muerto Julià como protagonista, en compañía de un elenco de personajes tan singulares como poderosos.

Con este primer volumen de Cuadernos de Titeresante, el autor reúne algunos de sus textos publicados sobre un tema que siempre le ha interesado: el arquetipo de Polichinela como símbolo europeo de vitalidad libertaria y de *unión en la diferencia*. Igualmente, la práctica contemporánea del teatro de títeres popular.

Más información sobre el autor en www.tonirumbau.org

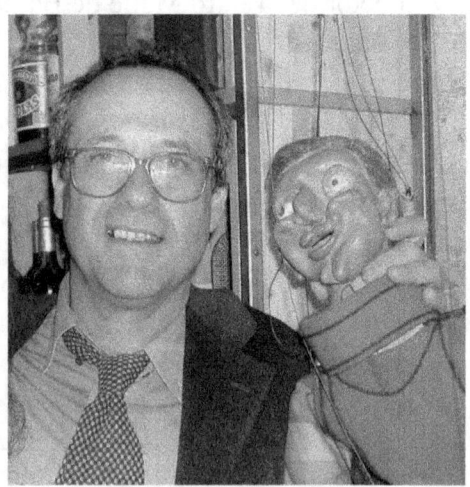

Toni Rumbau con Malic.

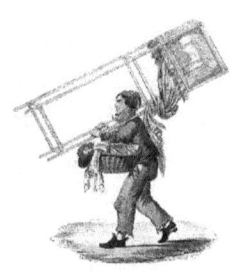

THOT ARTS
CUADERNOS DE TITERESANTE N 1
BARCELONA 2020

www.ingramcontent.com/pod-product-compliance
Lightning Source LLC
Chambersburg PA
CBHW080502220526
45465CB00006B/2349